図解 世界一やさしい！

経営戦略の
トリセツ

[取扱説明書]

芝浦工業大学大学院
工学マネジメント研究科教授
西村克己

日本実業出版社

☆本書をお使いになる前に☆

　戦略理論から戦略分析、戦略策定、重点施策実行までのコツをこの1冊で！

　わたしがはじめて経営戦略策定の仕事をしたのは、今から約20年前のことです。当時はどこから手をつけていいか、全くわかりませんでした。コンサルタントの世界は、お互いがライバルですから、先輩は簡単には教えてくれません。そこでわたしは、本を読みあさって猛勉強しました。

　何十冊も読んだうち、わたしが役に立つと思ったのはわずか2冊だけでした。たしか、『絵で見る田岡ランチェスター・戦略経営入門』（1987年）と『新製品・新規事業探索法』（1985年）だったと思います。

　しかし本当に身につく勉強になったのは、本ではなく、クライアント（コンサルタントの依頼者）でした。クライアントと試行錯誤で経営戦略を策定し、実行していくプロセスの中で、膨大なノウハウを学ぶことができました。
　その後約10年間、そのクライアントと毎年経営戦略を策定して、結果をフィードバックさせる中で、戦略のすごさを体感できました。また、役に立つ理論と役に立たない理論が識別できるようになりました。

　通常のコンサルタントは、経営戦略を策定したら、「あとはよろしく」と言い残して、いなくなります。外資系のコンサルタント会社では、コンサルタント料が半年間で1億～2億円かかることも珍しくありません。クライアントは毎年1億～2億円を払うことができないので、通常、コンサルタントは1回限りでいなくなります。これでは"作り逃げ"で

す。作った本人たちが、来年以降の結果をフィードバックしなければ、本当に役に立つ経営戦略は策定できません。

　本書は、1億円のコンサルタント料を支払わなくても、経営戦略策定の手順がわかるという本です。大きな流れを理解することで、見よう見真似でも少しずつ前に進むことができるでしょう。本書が、経営戦略策定に悩んでいる人、もっと体系的に戦略について知りたい人、戦略を考えたい人のための、格好のナビゲーターとなるはずです。

「経営戦略のトリセツ」の特徴

　この本のタイトルに「経営戦略のトリセツ」とつけたのは、**戦略を単なる知識ではなく、実際に使えるツール（道具）として身につけていただきたかった**からです。

　そこで、**本書では企業経営の中で、戦略策定が行われるシチュエーションを想定して、その場で実際に必要な戦略策定手順がわかるように解説していきます。**

本書の構成

> 序章　戦略なき新規事業は失敗する

　本書のストーリー部分の主人公である山口くん（イトー電器の社員）が社内ベンチャー公募で新規事業を始めました。しかし、同じく新規事業に取り組んだ後輩の川田さんともども、事業はうまくいきません。そこで新規事業推進を担当する伊藤専務が、コンサルタントの財前先生に支援をお願いするところから話が始まります。

第1章　戦略の定石を理解しよう

　財前先生が、ストーリーの舞台となるイトー電器に経営戦略のコンサルタントとしてやってきました。経営戦略策定の前準備として、戦略の定石についていろいろレクチャーします。

第2章　戦略分析による経営戦略策定のヒント探し

　イトー電器の経営戦略策定に必要な戦略分析を行い、現状の把握に努めます。ＳＷＯＴ分析や外部環境分析、内部環境分析を用いて、自社やライバル会社の置かれた状況を分析します。

第3章　経営戦略を体系的に作成してみよう

　役員全員で1泊2日の合宿を2回行い、経営戦略の策定を行うことになりました。事務局として、山口くんと川田さんも、資料のとりまとめ等の準備を担当します。

第4章　新製品のマーケティング戦略の策定

　戦略に基づく具体的事業として、全自動お掃除ロボット「ロボ太郎」を開発することが決定しました。新商品開発の前準備として、マーケティング戦略を策定します。

第5章　新商品開発プロジェクトの推進

　開発部門も含めて「ロボ太郎」の商品開発プロジェクトが進められ、当初のスケジュールどおりに無事、販売にこぎつけます。

「経営戦略のトリセツ」を読んでいただきたい方

❶企画部門の人

　経営企画、営業企画、商品企画などの企画部門の方。企画部門の人が戦略を知らなければ、恥ずかしい思いをします。単なる部門とりまとめの庶務担当と言われないためにも、戦略の知識をしっかり身につけましょう。

　また、経営戦略の策定手順、戦略の分析手法などを知らなければ、関連部門の人たちに戦略策定に参加してもらえません。本書のすべての知識が、企画部門の方には不可欠なノウハウです。

　企画部門のバイブルとして、辞書代わりにもお使いください。

❷知ったかぶりしたい人

　「戦略って何か知っている？」と、知ったかぶりをしたい方にもおすすめです。戦略の定石から戦略分析、経営戦略策定、マーケティング戦略、さらに新商品開発プロジェクトまで、戦略のイロハから実践までの流れが、手に取るようにわかります。

❸戦略的でないと言われている人

　「要領が悪い」「もっと要領よく考えろ」などと言われている人にもおすすめです。自分に何が足りないのか、そのヒントが満載です。優先順位が付けられない人、頼まれたら断れない人、目的を見失いやすい人、時間をかければ何とかなると考えている人、「がんばります」が合い言葉の人たち。そんな人た

ちには、本書で紹介する「選択―差別化―集中」の考え方が必要です。

❹貧乏暇ナシな人

まじめに働くだけでは、なかなか報われない時代です。評価される仕事をしましょう。わたしたちの時間は有限です。限られた時間をいかに投資対効果が高い仕事に割り当てるか、時間の使い方に優先順位を付ける必要があります。

❺このままでは会社がダメになると思っている人

会社が上手くいっていないと感じている人、会社の方針が間違っているのではないかと感じている人、会社の進む方向が見えない人は必読です。なぜ会社が上手くいっていないのか、気づき満載です。

しかし、「社長には戦略がない！」なんて、簡単に暴言を吐くのはやめましょう。本書で経営戦略の全体像をしっかり理解し、自分なりに具体的プランを持って、意見を言うようにしたいものです。

では皆さん、本書をスキルアップに役立てていただければ幸いです。

2007年2月　　　　　　　　　　　　　　　　　　　西村克己

世界一やさしい！
経営戦略のトリセツ[取扱説明書]

＊

も く じ

本書をお使いになる前に

序章 戦略なき新規事業は失敗する

フェーズ
0-1 社内公募の新規事業が不調
畑違いの新規事業を立ち上げ、黒字化メドが立たず2年で撤退 ……………16

フェーズ
0-2 新規事業立て直しをコンサルタントに依頼
グズグズ先延ばししないで、経営資源のムダ遣いを防ぐ ……………27

フェーズ
0-3 「戦略」に興味を持ち始める山口くん
経営戦略なくして、会社の発展もなし！ ……………36

レクチャー**0-1** 新規事業の陥りやすいワナ………21

レクチャー**0-2** 成長戦略で投資対効果を最大化せよ………31

レクチャー**0-3** 戦略とは何か？………39

第1章 戦略の定石を理解しよう

フェーズ 1-1　戦略勉強会の始まり
まず、「どこで」「何を武器にして」戦うのかを明確にする……………50

フェーズ 1-2　新規事業の留意点
事業の多角化を行うときの定石を知っておく……………63

フェーズ 1-3　温故知新で「孫子の兵法」に学ぼう
2500年前の兵法から、現代にも通用する戦いの奥義を学ぶ……………74

フェーズ 1-4　「ランチェスター戦略」にも戦略の極意がいっぱい
日本生まれの戦略理論で、「弱者」「強者」の戦い方を学ぶ……………88

レクチャー 1-1　専門用語を理解しておこう………53

レクチャー 1-2　多角化戦略の定石………66

レクチャー 1-3　「孫子の兵法」から戦略の極意を知る………76

レクチャー 1-4　「ランチェスター戦略」から戦略の極意を知る………90

第2章 戦略分析による経営戦略策定のヒント探し

フェーズ
2−1 戦略分析で共通の現状認識からスタートする
必要な情報を共有化し、SWOT法でまず全体を把握 ……………………………102

フェーズ
2−2 社外で起きていることに目を向けよう
「3C＋マクロ環境分析」で外部環境を詳しく探る ………………………………110

フェーズ
2−3 社内に目を向けて己を知ろう
いろいろな角度から自社の強み・弱みを分析する …………………………………121

レクチャー 2−1 簡易分析としてのSWOT分析を活用しよう………105

レクチャー 2−2 イトー電器の外部環境分析………113

レクチャー 2−3 イトー電器の自社分析をしよう（内部環境分析）………124

第3章 経営戦略を体系的に作成してみよう

フェーズ 3-1 まずは推進体制を明確化しよう
戦略立案チームのメンバーと合宿研修のスケジュールを確認 …………… 136

フェーズ 3-2 経営戦略の体系と経営理念の確認
会社についての夢を語り、将来のあるべき姿・方向性を描く …………… 144

フェーズ 3-3 基本戦略の策定
「どんな事業を行うのか」など、基本となる5つの項目を明確にする ……… 157

フェーズ 3-4 機能別戦略の策定、重点施策の明確化
基本方針に基づいて戦略を具体化し、行動計画を立てる ………………… 166

レクチャー3-1 経営戦略立案のための体制作り ……… 139

レクチャー3-2 イトー電器の経営理念確認と戦略分析活用 ……… 147

レクチャー3-3 イトー電器の基本戦略策定に挑戦 ……… 160

レクチャー3-4 イトー電器の機能別戦略と重点施策明確化 ……… 170

第4章 新商品のマーケティング戦略の策定

フェーズ
4-1 新規事業戦略メンバーに大抜擢、マーケティング勉強会開始
「まず顧客ありき」から、売れるしくみを考える……182

フェーズ
4-2 リサーチ開始
今後の市場の動きや技術的に実現可能かを調べる……191

フェーズ
4-3 ターゲットの明確化
ねらい定めた顧客層にジャストミート！……198

フェーズ
4-4 マーケティングのしくみを考えよう
「4つのP」を組み合わせて売れるしくみを作る……208

レクチャー4-1 マーケティング戦略の基礎………186

レクチャー4-2 リサーチ（市場調査）とマーケティング目標の設定………193

レクチャー4-3 ターゲット顧客を明確にするためのSTPマーケティング………202

レクチャー4-4 売れるしくみ作りのためのマーケティング・ミックス………212

第 5 章 新商品開発プロジェクトの推進

フェーズ
5-1 製品開発プロジェクトが始まる
プロジェクトをきちんと進めるための管理・運営ノウハウを学ぶ……………222

フェーズ
5-2 プロジェクト終結と製品の販売開始
いよいよプロジェクトも終了、成果を見届けてチーム解散へ………………235

レクチャー 5-1 プロジェクトマネジメントの基礎………226

レクチャー 5-2 プロジェクトの終結………240

- **column0** リストラを3か月早まった建機会社…47
- **column1** 2眼レフ構造で相乗効果をねらえ…99
- **column2** 自社のホームページでカスタマイズ仕様を販売…133
- **column3** 撤退戦略も重要な戦略の1つ…179
- **column4** ワン・トゥ・ワン・マーケティングの普及…218
- **column5** 昔と今のプロジェクトの違い…245

イラスト　◎鈴木真紀夫
本文DTP ◎ムーブ（新ヶ江布美子）

登場人物紹介

伊藤専務（室長）
中堅家電メーカー「イトー電器」の創業社長の長男、42歳。新規事業推進母体として新設された経営企画室の室長に就任。

山口くん
経営企画室スタッフ。せっかちで新しいもの好きの31歳、独身。プレゼン能力にものをいわせ、インスタントラーメンの新規事業企画は優秀賞を得たが……。

川田さん
経営企画室スタッフ。居酒屋チェーン新規事業のメンバーとして手を挙げるも、事業撤退の憂き目を体験。26歳、独身。

財前先生
伊藤室長の大学時代の1年先輩。新規事業立て直しを依頼され、経営企画室の勉強会講師を務めることになった経営コンサルタント。

イトー電器
資本金20億円、社員3,200人、年商2,800億円の中堅家電メーカー。知名度はあり、掃除機や暖房機器、空気清浄機、炊飯器など小物家電では高シェアを有す。

序章

戦略なき新規事業は失敗する

本章のストーリー
フェーズ0-1／社内公募の新規事業が不調
フェーズ0-2／新規事業立て直しをコンサルタントに依頼
フェーズ0-3／「戦略」に興味を持ち始める山口くん

本章で学ぶこと
レクチャー0-1／新規事業の陥りやすいワナ
レクチャー0-2／成長戦略で投資対効果を最大化せよ
レクチャー0-3／戦略とは何か？

本章のあらすじ————*the Outline of Chapter 0*

　イトー電器は、創業者オーナーの現社長のもと、長男の伊藤大介専務が事業計画と併せて新規事業推進も担当しています。社長は、「実績を残さなければ社長にはできない」と、トップ交代は時期尚早とみているようです。

　2年前に社内公募で始めた2つの新規事業は、本業と畑違いのため黒字化のメドが立っていません。大介専務は大学時代の先輩にあたるコンサルタントの財前先生に立て直しを依頼。実情を把握した財前先生は不振の新規事業を清算し、新たに戦略的な新規事業展開を図ることを提案し、オーナー社長もその案を受け入れました。かくして伊藤専務は、新規事業の推進母体として新設された経営企画室の室長を兼務し、2人の若いスタッフとともに財前先生の勉強会で学ぶところから再スタートを切ることになりました。

| フェーズ０－１ | 社内公募の新規事業が不調 |

畑違いの新規事業を立ち上げ、黒字化メドが立たず2年で撤退

イトー電器の本社オフィスに、次のような新規事業の社内公募ポスターが掲示されたのは2年前のことでした。
　「このたび新規事業の社内公募を実施することになりました。新規事業企画コンテストを実施し、優秀賞獲得者には社内ベンチャーの機会を提供することになりました。役職・部門・年齢などはいっさい問いません。新規事業提案がある方は、コンテストに積極的にご参加ください」

──掲示板の前に立つ2人──
山口「ほぉー、公募があるね。いっちょうやったろか」
川田「えっ、応募するの、山口先輩？」
山口「もちろんさ。かねてから考えていた、すごい新規事業のアイデアがあるんだ。渡りに船ってやつだよ」
川田「そんなに簡単にいくかしら？」
山口「プレゼン力には自信があるんだ」
川田「そういう問題じゃないの。賞が取れるかどうかではなくて、新規事業として利益がちゃんと出せるようになるかってことを、わたしは心配してるのよ」
山口「売上数値は適当に書いておく。優秀賞が取れればいいんだ。審査員をごまかすくらい簡単だよ」
川田「ほんとに山口先輩はコンテストで勝つことしか考えてないのね。入賞しても、実際にビジネスとして儲からなければ意味がないじゃない」

──社内コンテストの審査発表──
山口「やったよ、川田さん。僕のインスタントラーメンの新規事業が優秀賞を取ったよ」
川田「一応、やったわね」

山口「一応じゃあないよ、ちゃんとやったんだって」

川田「これからがお手並み拝見ね」

山口「川田さんは冷静だなあ」

川田「そうかしら。でも、もう１件、優秀賞があったじゃない。居酒屋チェーン店の新規事業提案よ」

山口「ナニ、君はそっちのほうがいいわけ？」

川田「いいとか悪いとかじゃなくて、わたしは居酒屋チェーンの新規事業のメンバーに参加したいな。スタートメンバー、10名募集って、インターネットの社内掲示板に公募していたわ」

山口「しっかりチェックしてるな。マメだね、君は。わかった、それぞれ別の新規事業でがんばって、どっちが勝てるか、競争しようじゃないか」

川田「もー、山口先輩は何でも競争なんだから。いいわ、わたしは居酒屋事業でがんばる」

──そして２年後。社内の新規事業レビュー会議（第23回目）──

伊藤「新規事業担当の伊藤です。さて、第23回目の新規事業レビュー会議を行います。月１回のレビュー会議を開催し始めてから、早くも２年がたちました。３年後にあたる来期末までには黒字のメドを立てるというのが、当初からの約束でしたね。それでは、まずインスタントラーメン事業の山口くん、報告してください」

山口「あっ、はい。あと１年ちょっとで、月額収支の黒字転換が求められていることは重々承知しています。しかし、現時点で黒字化のメドは立っていません。商品開発費や販売管理費などで、赤字がどんどん広がっているような状況です」

伊藤「費用の問題もありますが、そもそも売上が全く伸びていないほうが問題ではないでしょうか」

山口「はい、ご指摘のとおりです。販売店が当社製品を店頭に並べてくれないのです」

伊藤「どうしてですか？　営業部門にやる気がないのではないですか？」

山口「いえ、やる気は満々なんですが、販売店が相手にしてくれないのです。『お宅の会社は電器メーカーだから、インスタントラーメンのイメージがお客さんにないでしょ。置いても売れっこないよ。食品会社の売れるメーカーの商品を店頭に置いたほうが確実に儲かる』と言うのです」

伊藤「たしかにそう言われれば、わが社に食品のイメージはないけど。なんとかならないのかね」

山口「う～ん、検討中です」

伊藤「今日はもういい。今後の方針についてはあとで社長に相談してみるよ。では次に居酒屋チェーン担当の川田さん、報告してください」

川田「山口さんに次いで、同じような報告で申し訳ないのですが。当方の事業も不調でして、お客様の来店数は減る一方です。客単価も4,500円から3,500円に下がっています。隣の他チェーン店は大繁盛なのですが。当店には、隣の店に入りきれなかったお客様が、しかたなく入って来るような状態でして……」

伊藤「何が悪いのかね」

川田「はい、先日来店のお客様にアンケートを取ったのですが、ひどい評価を受けました。サービス業の基本を知らないとか、料理の味も品揃えもいまひとつというものでして」

伊藤「何か挽回策はありますか？」

川田「ご来店のお客様には、次回使えるサービス券を配布しているのですが、ほとんどサービス券を持って来店するお客様がいません。リピート客がいないということだと思います」

伊藤「それは最悪な状況だね。ということは、チェーン店で店舗を増や

しても赤字が増えるだけか……」

川田「申し訳ございません。うちのリーダーはうつ病になりかけていて、病院に通っています」

伊藤「しかたがない。今日の会議はここで終了する。社長に相談しておくよ」

川田「申し訳ございません」

山口「私も、申し訳ございません」

　（頭を下げる2人をしばし黙って見つめる伊藤専務。すでに2つの新規事業に対してはあきらめムードが漂っていた）

レクチャー 0-1 新規事業の陥りやすいワナ

1 そもそもビジネスとは何か？

◆ビジネスとはお金をモノやサービスに変換してお金に戻す活動

　そもそもビジネス（経営活動）とは何でしょうか。ビジネスとは、お金をモノやサービスに変換して、より多くのお金に戻す経済活動です。もし、お金に戻す経済活動が円滑に循環しなければどうなるでしょうか。お金をモノやサービスに変換したけれども、売れなくて在庫の山と化したのでは、お金がなくなってしまいます。

　手形を発行している会社では、2回不渡り手形を出すと、銀行取引停止になってしまいます。事実上の倒産です。お金がなくなり、人件費や材料費の支払いができなくなれば、経営破綻してしまうのです。

　近年、キャッシュフロー経営の重要性が注目されています。財務諸表で黒字でも、在庫の山を築いてしまえば、キャッシュフローがマイナスになります。キャッシュがなくなれば、経営破綻してしまいます。税務申告でも、財務諸表（損益計算書、貸借対照表）に加えて、株式公開企業ではキャッシュフロー計算書を作成することが義務づけられています。売れ筋商品の一方で、全く売れない死に筋商品が増える今日、キャッシュフロー計算書の重要性が増しているのです。

◆ビジネスは継続的に収益を上げる経済活動

　企業が最初に投入するお金は資本金です。資本金を元手に長期的に、できれば永遠に、いかに企業のお金や総資産を増やすかということは、ビジネスの最大の関心事であり、課題です。いくら新規事業を大々的に

始めても、収入より費用が多いのであれば、キャッシュフローはマイナスになってしまいます。

ビジネスとは継続的に収益を上げる経済活動です。新規事業を始めても、赤字の垂れ流しになってしまったのであれば、思い切って撤退することも一案です。かかる費用より収入が少ないのであれば、ビジネスをしないほうがいいという場合もあるのです。安易な新規事業は、企業の経営体力を消耗させてしまいます。

土地や株式が簡単には値上がりしない今日、本業の収益を基本としたビジネスが企業存続の大前提になっています。

■ビジネスとは、お金をモノやサービスに変換して、より多くのお金に戻す活動

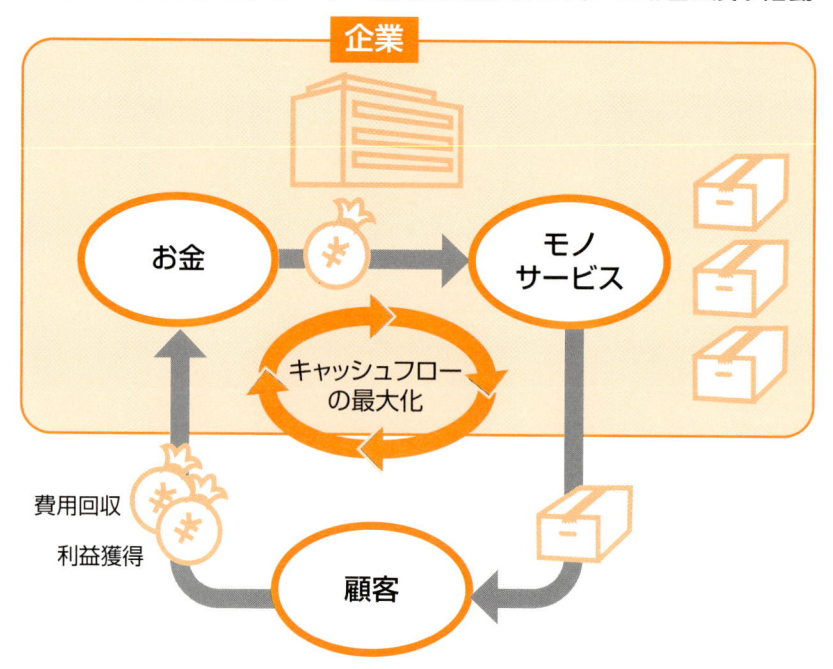

企業

お金 → モノ・サービス

キャッシュフローの最大化

費用回収
利益獲得

顧客

2 在庫が経営を圧迫する

◆在庫の山ではキャッシュフローが回らない

　「売れない在庫を作るな、仕入れるな」というのは、ビジネスの鉄則です。在庫が山積みになると、赤字覚悟でもいいからお金を手に入れようとします。たとえば、１万円で仕入れた商品が全く売れないので、値引きを続けて8,000円にしたところで売れたとします。これでは、無駄に時間を費やして、さらにお金を失ってしまったのと同じこと。"貧乏暇なし"状態になってしまいます。

　近年、新製品を発売しても、短期間で売価が値下がりしてしまいます。たとえば、液晶テレビやプラズマテレビでは、１年前に１インチ１万円だったのが、今では5,000円を下回る価格まで下落しています。在庫がはけないと、お金が手に入らないだけでなく、時間とともに在庫の資産価値が減額してしまいます。

　さまざまな製品が今や"生鮮野菜"のようになっています。長い間在庫を置くと、腐ってしまうのです。たとえば、家電製品でも売れないで在庫を抱えていると、鮮度が低くなって価値が下がり、最後はデッドストックになってしまいます。インスタントラーメンやレトルト食品でも、新製品発売から３週間で売上のピークが過ぎるとすら言われています。少しでも売れ行きが悪いと、あっという間に店頭から除去されるため、どんどん新製品を出さなければ、店頭から自社製品が消えてしまいます。

◆サービスの場合、収入につながらないロスを最小化する

　モノの場合、在庫という形で目に見えやすいのですが、無形のサービスの場合、在庫をどう考えればいいのでしょうか。無形のサービスでは、機会損失として在庫をとらえることができます。たとえば、理容室でお客が全く来ない場合、収入がないまま店員さんが待機している状態があ

るとします。これは売上の機会損失なので、モノでいうと売れない在庫です。しかしサービスの在庫はすぐに消えてなくなり、機会損失は二度と戻ってきません。

またホテルの空室も、サービスの在庫です。空室にしたままで1円も収入が得られないよりは、少しでも収入につなげるために、値下げしてでも売ろうとします。格安航空券なども、空気を運んでも1円の収入にもならないので、値下げしてでもお客さんを乗せて収入を得ようとする苦肉の策、と言えます。

3　失敗しやすい新規事業や新製品開発

◆**新製品を作ってからどう売るかを考えるのではすでに手遅れ**

「こんな製品を作ったら売れるだろうなあ」と、ふとひらめくことがあるのではないでしょうか。しかし99％以上の確率で、夢物語になることばかりでしょう。アイデア商品を個人で発明しても、店頭で販売することは簡単ではありません。

アイデア商品を発明しても、なかなか形にならないのはなぜでしょうか。

1つ目は、**製品製造の壁**です。アイデアを製品の形に仕上げる必要があります。そして、2つ目の障壁は**価格**です。製造費用が高ければ、安い値段で販売することが困難です。高すぎたら売れません。3つ目の障壁は、商品を流通させる**販売チャネルの壁**です。販売する店舗、店舗に届けるための流通がなければ、商品を販売することができません。そして4つ目の障壁が、**販売促進（プロモーション）の壁**です。店頭に並べても、上手く広告などの販売促進をしなければ、顧客に認知してもらえません。

個人のアイデア商品の販売チャネルと販売促進を支援する企業とし

て、「王様のアイデア」があります。もともとは、個人の発明をアイデア商品にして、店頭で販売支援することが出発点のようです。

近年、インターネットで個人でも直販ができるようになったとはいえ、そう簡単に売れるものではありません。ホームページを開設しても、検索さえしてもらえないことも多いのです。

企業において失敗しやすい新製品開発に、とりあえず作ったけど、どうやって売ろうかと悩んでいるパターンが多いのです。とりあえず技術があるから作ってみようと、新製品開発に人とお金を投入します。いざ新製品が完成してみたものの、販売チャネルがないとか、店頭に並べは

■失敗しやすい新規事業と新製品開発

〈失敗しやすい新規事業〉

他社が儲けている、うらやましい…
簡単そうだな

TVゲーム市場

▶自社の未知の領域に安易に進出してもうまくいかない
▶一見魅力ある市場も、相当の競争事業で生き残りをかけた激戦区

〈失敗しやすい新商品開発〉

技術があるから
とりあえず新製品を作ろう

1年後、新製品完成

あれ、どこで売ればいいの？
店頭に並べたけど売れない

したものの全く売れない、というパターンが多いのです。

◆自社の本業無視、マーケティング無視の新規事業は失敗する

　新製品単発での失敗はまだ軽微ですが、投資規模の大きい新規事業では、失敗すると経営的に大きな損失負担を強いられます。新規事業の失敗の多くは、自社の本業以外に安易に進出するケースです。自社の未知の領域に安易に進出しても、ほとんどの場合は上手くいきません。

　未知への領域の失敗原因をいくつかあげてみましょう。ノウハウ不足、販売チャネルが未開拓、新しい領域での知名度やブランド力がない、コスト高で収益があがらないなどがあります。

　たとえば、任天堂やソニーが強いテレビゲーム市場において、新規参入で成功することはきわめて困難でしょう。莫大な資本力があるマイクロソフトでさえ、X－BOXの売れ行きは好調とは言いがたい状況です。また、ゲームソフトともなると、特殊なノウハウとエンターテインメント性、マーケティング力がなければ成功しないでしょう。

豆知識　社内ベンチャー制度とは

　新規事業の創出と社員の活性化を目指して、社員から新規事業の提案を受け入れ、社内でベンチャー企業を立ち上げることができる制度。

注意　社内ベンチャー制度の死角
- 自社の強みを活かせる分野でなければ、ほとんど成功しない。
- サラリーマン根性では成功しない。

| フェーズ 0-2 | 新規事業立て直しをコンサルタントに依頼 |

グズグズ先延ばししないで、経営資源のムダ遣いを防ぐ

——1週間後に緊急招集した新規事業レビュー会議（第24回目）——

伊藤「皆さん、緊急にお集まりいただき、ありがとうございます。1週間前の会議の後に社長と相談し、2年前から進めている新規事業の対応策について、基本方針が出ました。経営コンサルタントにお願いして、事業の立て直しをすることにしました。財前先生、どうぞお入りください」

財前「財前です。よろしくお願いいたします」

山口「よろしくお願いします」

川田「よろしくお願いいたします」

伊藤「財前先生は、大学時代の私の1年先輩で、野球部の先輩でもある。社長には『好きなようにやっていい』と言われたので、財前先生にコンサルティングをお願いすることにしました。社長も財前先生を知っているので、話が早かったよ」

財前「微力ながら一緒にやらせていただくことになりました。ではまず、皆さんが進めている新規事業の経営状況を教えてください。また、現場のリサーチも行わせてください。インスタントラーメン事業については、実際の製品や販売の現場を視察させていただきます。また、居酒屋チェーンでは、実際にお客になって現場リサーチさせていただきます」

一同「よろしくお願いいたします」

——現場リサーチも終了した後の第25回目レビュー会議——

財前「いや、まいりましたね」

伊藤「……」

財前「たいへん申し訳ないのですが、皆さんが取り組まれている2つの事業は、継続困難と判断いたしました」

山口「えっ。先生は、私たちの事業を立て直すために、来ていただいて

いるのではないのですか!? ちょっと無責任ではないですか！」

財前「まあ、興奮しないでください。事業には、立て直しをする価値があるものと、早期に撤退したほうがいいものがあります。皆さんの事業は、どちらも立て直しが困難です。早期に撤退して、赤字の垂れ流しをストップさせるのも戦略なんですよ」

山口「どうして再建不能なのですか!?」

財前「それは、山口くんが一番わかっているでしょう。また、川田さんも、近くにある別の居酒屋チェーンにはとうてい勝てないと感じられているのではないですか？」

川田「はい、おっしゃるとおりです。料理、店員のサービス教育、店の雰囲気作りなど、どれひとつとっても別の居酒屋チェーンにはかないません。たとえば、店員はアルバイト中心なのですが、教育しようとしても言うことを聞いてくれません。お金が欲しいから来ているだけで、熱心に働きたくないのです」

財前「なるほど。でもそれは、別の居酒屋チェーンでも同じではないですか？」

川田「いえいえ。別の居酒屋チェーンは、マクドナルドのように、アルバイトでもきちんと教育するシステムができあがっているのです。店舗を多数抱える有名チェーンですから、アルバイトに応募する人も、きちんと訓練されることを望んでいるのです。アルバイトの応募者も多いので、本当にやる気がある人を選別できます」

財前「それはありますね。有名チェーン店は、きちんとしなければいけないというムードがあります。自分勝手だと、周囲から浮いてしまいますからね」

川田「一方、当社の場合はチェーン店といってもまだ２店舗だけです。居酒屋業界では全く知名度がありません」

山口「先生、でも、わが社は知名度がある会社ですよ」

財前「たしかに、家電業界では知名度があります。しかし、居酒屋チェーンとなると、全く知名度がありませんね。山口くんのインスタントラーメン事業でも同じです。だから、販売店も取り扱ってくれないのです。イトー電器には、食品や居酒屋などの、食べ物のイメージがないからです。お客様も、食べ物のイメージがない会社の製品を買おうとは思いませんからね」

山口「もっとがんばれば、知名度は上がりませんか？」

財前「何十年かけるつもりですか？　このままでは、赤字が増えるばかりです。普通の会社だったら、とっくに倒産しています。イトー電器の資本をいつまで食い物にするつもりですか！」

山口「……」

伊藤「財前先生、わかりました。山口くんも川田さんも、わが子のように思ってきた事業ですから、存続を望むのもしかたがありません。山口くん、どう思う？」

山口「たしかに、赤字を出し続けて申し訳ない気がします。もしも個人でベンチャーしていたら、とっくに倒産していたでしょうし、銀行もお金を貸してくれませんよね。少し頭を冷やします」

伊藤「財前先生、事業撤退については社長に相談してからということで」

財前「私も、社長のところに一緒に行きます。実は、御社の経営戦略について、いくつかの疑問があります。また、山口くんや川田さんには、もっと御社の強みを活かした、別の新規事業を立ち上げたほうがいいという提案をしたいと思います」

山口「えっ、別の新規事業をやらせていただけるんですか？」

財前「あせらず、しかし着実に前へ進もうじゃないですか」

伊藤「先生、ちょっと社長にアポを取ってきます。すぐに会えると思います。社長も、財前先生にお会いできるのを楽しみにしていましたから」

レクチャー 0-2 成長戦略で投資対効果を最大化せよ

1 戦略の基本は成長戦略

◆成長戦略とは、新規と撤退の新陳代謝の継続

　何を目指しての戦略なのか？　ということをまず考えてください。戦略は、企業の継続的な成長を支えることを目指しています。これを「**成長戦略**」と呼びます。

　成長戦略は、新規と撤退の新陳代謝を継続させることです。新規によって将来の成長分野を開拓します。一方、衰退分野、自社が敗北宣言した分野から撤退することによって、経営資源の浪費をくい止めます。

■成長戦略とは、新規と撤退の新陳代謝の継続

- 成長分野への経営資源の再配分
- 新規事業 新製品
- 成長分野
- 自社の事業領域
- 衰退分野
- リストラ分野 撤退・売却分野

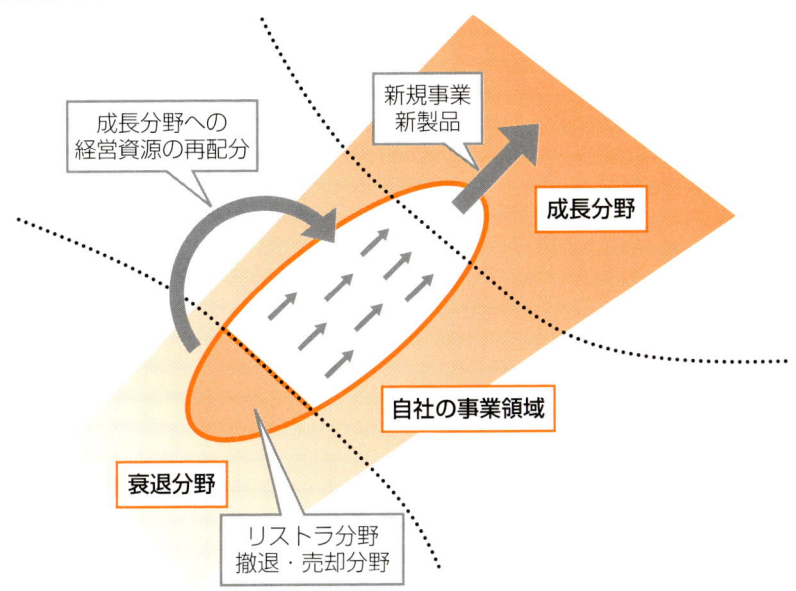

経営資源（ヒト・モノ・カネ・情報）は有限です。社員を安易に増やすことはできませんし、資金を金融機関から安易に借り入れることもできません。もっと資金があったなら、もっと人がたくさんいたなら……という願望は通用しません。社員を増やすためにもお金が必要ですし、一度雇用した社員は固定費として抱えていく必要があります。

◆成長戦略の誤解、バブル経済におけるやみくもな規模の拡大

　バブル経済崩壊後の長期間にわたるデフレ経済は、企業にとっては身軽な経営を求めました。正社員を極力減らし、派遣社員を増やして、固定費を変動費に置き換える企業が急増しています。また、社宅や工場跡地などの固定資産を売却して、借入金圧縮を進めてきた会社が数多くあります。

　成長戦略とは、新規と撤退の新陳代謝の継続です。限られた経営資源の投資対効果を最大化するために、新規と撤退の新陳代謝の継続が必要です。成長戦略とは、やみくもな規模の拡大ではありません。利益が伴う成長でなければならないのです。安易な規模の拡大は、投資対効果を低減させてしまいます。

2　撤退戦略も重要である

◆事業撤退のためには、撤退基準を明確化する必要がある

　不採算部門に見切りをつけて、身軽な経営をするためにはどうすればいいのでしょうか。通常、事業部の責任者は、自ら事業を撤退すべきだとは言い出せません。どれほど最悪の経営状態に陥ったとしても、「来期は黒字転換します」と言い続けなければ、自分の首が危うくなります。

　事業部が黒字化できないのは、現行の事業部の責任者のせいだけではありません。そもそも新規事業の意思決定が間違っていた場合、既存事

業が衰退分野である場合、すでに業界の中で負けが決定して再起不能の状態の場合、などがあります。

　赤字の垂れ流しをくい止めるためには、あらかじめ全社的に、事業の**撤退基準**を明確にする必要があります。事業の撤退基準を明確にしなければ、現行の事業部の責任者は「来期こそがんばります」と、踏みとどまらざるを得ないからです。

◆既存事業、新規事業の撤退基準の例

　既存事業の撤退基準として、市場成長率が大きくマイナスになった事業があげられます。たとえば、市場成長率がマイナス10％以上であれば、撤退時期を考える必要があります。

　電子カメラ（デジカメ）が普及する反面、銀塩カメラの市場が急激に縮小しています。このような状況では、早期に銀塩カメラ事業から撤退するのも一案です。また、薄型テレビが人気上昇の今日、ブラウン管事業から早期撤退した企業は、身軽な経営で収益を向上させました。

　勝ち負けが決した負け犬的な事業の場合、事業の撤退も視野に入れることが必要です。たとえば、今後3年間経営努力したとしても、赤字が解消されないと予測できる場合、現時点で思い切ったリストラ、または事業の撤退を視野に入れるべきでしょう（次ページ参照）。

　また、10社程度しか競合がいない市場で、3％未満のシェアしか獲得できない場合は、負け犬として撤退するのも一案です。ランチェスター戦略（88ページ以降参照）では、2.8％未満の市場は撤退的シェアであると分析しています。顧客からブランド力を認知されていないことは明白で、他の事業を抱えながら、今さら挽回するのは困難です。

　新規事業の撤退基準は、新規事業発足前に決めておくことが大切です。たとえば、3年目までに黒字達成すること、5年以内に投資回収することなどが、撤退基準として考えられます。

新規事業を発足すると、2年目に新規事業を継続させるかどうかの、経営判断をすることが効果的です。発足2年目で、今後の黒字化の見通しを予測します。黒字化の時期が大きく先延ばしになるような場合、早期撤退も視野に入れることも一案です。

■撤退戦略も重要

「既存事業」の撤退基準の例
- ▶市場成長率がマイナス10％以上の事業
- ▶今後3年間、赤字が解消できない事業
- ▶自社の本業と無関係の事業

「既存製品」の撤退基準の例
- ▶販売量が慢性的に少量すぎる場合
- ▶採算性がマイナスの場合
- ▶代替となる新製品が発売されたとき

「新規」事業の撤退基準の例

新規事業を発足する前に決めておく基準
- ▶3年目までに黒字化
- ▶投資回収期間は5年以内に

新規事業を発足してからの撤退基準
- ▶発足2年目で、今後の黒字化の見通しが立たない場合

◆自社の得意領域以外は撤退か売却が定石

身軽な経営で収益力を高めるために必要な考え方が、本業重視です。自社の得意領域である本業に経営資源を集中させることで、収益力を高めることが可能になります。

「武士の商法では勝てない」時代です。顧客の高い要求水準は、一流しか受け入れない消費構造を加速しています。本業以外では勝てないと割り切ることも一案です。本業以外は、撤退か売却を基本に考えます。ただし、本業以外でも、収益力が高くて業界地位が高い場合は、存続させるのも一案です。また、収益力が高いうちに、他社に高値で売却するのも妙味ある意思決定です。

豆知識 新規事業をやるときに撤退基準も決めておくこと

新規事業をやるときに撤退基準も決めておくことがたいへん重要！

豆知識 新規事業は3年で単年度黒字、5年以内で投資回収を目指したい

新規事業は3年で単年度黒字、5年以内で投資回収を目指したい。ただし、この基準は、2年で単年度黒字、4年以内で投資回収など、短期化する傾向にある。

ウラ技 新規事業の2年目に事業の存続を問う

新規事業を発足して、2年目には事業の存続を問うことも一案。

| フェーズ 0-3 | 「戦略」に興味を持ち始める山口くん |

経営戦略なくして、会社の発展もなし！

――財前先生の社長会談を終えて――
伊藤「お待たせしました。今、社長と話をつけてきたよ」
山口「ありがとうございます。それで、どうなりましたか？」
伊藤「わが社の経営戦略策定を、財前先生の指導で推進することになったよ。その推進母体として、経営企画室を作ることになった。室長は私が兼任します」
財前「今後3か年のイトー電器の経営戦略を明確化したうえで、新たな新規事業についても取り組んでいきます。もっとイトー電器のブランド力やシナジー（相乗効果）が活かせる新規事業を提案していくつもりです」
山口「インスタントラーメン事業と居酒屋チェーン事業はやはり撤退ですね」
財前「早期撤退するから、当面は残務整理にあたってほしい。そのうえで君たち2人を、経営企画室メンバーに推薦しておきました。失敗体験は、今後の成功のために貴重な経験になるはずです」
川田「まあ、すてき！　ありがとうございました、財前先生」

――話は本題へ――
財前「伊藤室長、イトー電器の経営理念を教えてください」
伊藤「あっ、はい。一応、『カスタマーファースト（顧客第一主義）』という社長方針はあります」
財前「聞いているのは社長方針ではなく、経営理念ですよ」
伊藤「そうですね、自社のホームページで調べてみます」
財前「これじゃあ、先が思いやられるね。経営理念も覚えていないのですか。それでは、御社の経営戦略を簡単に教えてください」
伊藤「わが社の経営戦略は、売上・利益計画だけしか存在しません。それがこれです」（事業部別の売上計画と利益予測が細かく記述され

た資料を財前先生に見せる伊藤室長）
財前「経営戦略というより事業計画ですが、資料はこれだけですね」
伊藤「はい。初歩的な質問になって恐縮ですが、先生の言われる経営戦略とは何ですか？」
山口「私にも教えてください」
財前「まずは勉強会が必要なようですね。では、ここにメモした3冊の本を、次回までに読んでおいてください」
山口「はい！　でも先生、なぜ経営戦略が必要なのですか？　イトー電器は、売上・利益計画だけでやってきたのですが」
財前「これはイトー電器1社だけの問題ではなく、日本企業のビジネスモデルに限界がきているということです。大量生産・大量販売のビジネスモデルは、すでにアジア諸国がオハコとするところになっています。これからは、企業各社が自社の経営戦略をきちんと考えておかないと、ジリ貧になるだけでしょう」
伊藤「恥ずかしながら、わが社はすでに5年前からジリ貧傾向が顕在化しています。それで社長もあせって『新規事業をヤレ！』と息巻いているのです。その新規事業が惨敗でして……」
財前「新規事業をやるのが経営戦略ではありませんよ。むしろ、本業を強化させることを第一に考えるのが王道です。本業をさらに強化するために、新規事業を活用するのです」
伊藤「では先生、次回もよろしくお願いいたします」
　（山口くんは、もっと経営戦略について財前先生から聞きたかったが、まずは本を読んで勉強することにした）

レクチャー 0-3 戦略とは何か？

1 戦略と戦術の違い

◆What思考の戦略とHow to思考の戦術

　戦略は、目的思考（What思考）をします。「そもそも何をすればいいのか」「何をすれば儲かるのか」から着想します。目的やビジョン（展望）を明確にし、進むべき道を明らかにすることから出発します。進むべき方向、方針を明らかにするのが戦略なのです。

　一方の戦術は、手段思考（How to思考）です。今までの方針はそのままにして、現状の延長線上でやり方（手段、方法）を工夫します。戦術では、もっと高品質にできないか、もっと短時間でできないか、やり方を工夫します。

　たとえば、企業の事業計画において3年先のあるべき姿（こうありたいという状態）を描いて、それに向かって何をすればいいのかを考えるのは戦略的です。ときには新規事業、M＆A（合併・買収）をどうするかも含みます。一方、今までやっていることを前提として、高品質な製品を低コストで生産しようというのは戦術です。

　なぜ戦略が必要なのでしょうか。いかなる優れた戦術も、戦略には勝てないと言われています。戦略は戦術を制す、つまり「**戦略なき戦術では勝てない**」のです。

◆技術戦略における戦略と戦術の例

　では技術において、戦略と戦術の違いについて考えてみましょう。これからどのような分野の技術に注力すべきかを決めるのは、技術戦略で

■戦略とは将来の進むべき方向を決めること

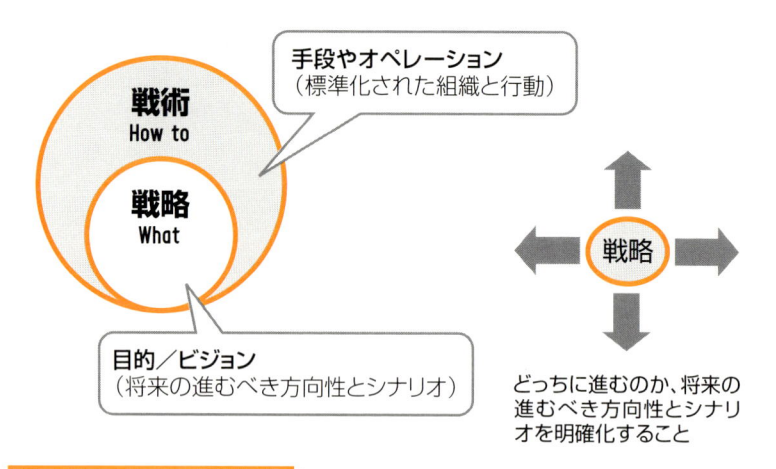

戦術 How to
戦略 What

手段やオペレーション
（標準化された組織と行動）

目的／ビジョン
（将来の進むべき方向性とシナリオ）

戦略

どっちに進むのか、将来の進むべき方向性とシナリオを明確化すること

技術戦略と技術戦術

戦略 これからどの分野の技術に注力するのか

＜テレビ映像技術の場合＞
- 液晶：シャープ
- プラズマ：松下、日立
- リアプロジェクション（背面投射型テレビ）：三菱電機、セイコーエプソン
- フルカラー有機ＥＬディスプレイ：セイコーエプソン
- ＳＥＤ（表面電界ディスプレイ）：キヤノン

戦術 すでに開発された技術

既存の技術

戦略を真似するのは容易ではないが、戦術を真似するのは、比較的容易

↓

戦略で長期的な競争優位を確立する

す。戦略には意思決定が伴います。意思決定とは、後戻りができない重要な方針を、決意をもって決定することです。どの技術分野で競争力を付けるのか、先行投資をどうするかを決めるのは技術戦略です。

薄型テレビにおいて、各社の技術戦略の違いを考えてみましょう。液晶技術に力を入れているのはシャープです。プラズマ技術に力を入れているのは松下電器、日立製作所です。ほかに、リアプロジェクション（背面投射型テレビ）は三菱電機とセイコーエプソン、フルカラー有機ＥＬディスプレイはセイコーエプソンが、技術戦略の中核としています。また、ＳＥＤ（表面電界ディスプレイ）は、キヤノンが技術開発を進めています。

一方、すでに開発された既存の技術、既存技術の品質を高める日々の経営活動は戦術です。今までの延長線上で、地道に努力していくのは戦術です。

2　なぜ戦略が必要なのか

◆戦略の目的は継続的競争優位を確立すること

戦略を真似するのは容易ではありません。トヨタ自動車やソニーの戦略を他社が真似できるかというと、全くできません。戦略を真似することは容易ではありません。

しかし、戦術を真似するのは比較的容易です。たとえば、ビデオカメラや電子カメラなどで、他社が出した新製品を、半年のうちに模倣することは日常茶飯事です。また、日本の高度な技術でも、一夜にして中国で模倣されている例がいくらでもあります。

戦略の目的は、継続的競争優位を確立することにあります。戦術だけでは、短期間での競争優位にしかなりません。戦略であれば、模倣されることを回避して、継続的に競争優位を確立することが可能です。

◆ 戦略がなくても勝てた時代は終わった

　バブル経済までは、日本の産業全体に、大量生産・大量販売のビジネスモデルが成り立っていました。作れば売れる時代で、企業の競争力は、高品質とコストダウン力で決まりました。つまり、戦術が優れた企業が高収益をあげました。この大量生産・大量販売のビジネスモデルは、すでにアジア諸国に奪われています。

　戦略がなくても勝てる条件がいくつかあります。規制で競争が制限されている場合、モノ不足の時代（作れば売れた時代）、メーカー（売り手）が主導権を取れた時代、大量生産・大量販売のビジネスモデルが通用する時代では、戦略がなくても企業各社は勝てました。

　戦略がなくても勝てる時代での競争優位の決め手は、手段（How）やコスト競争力、オペレーション力が優れた会社、高い技術を持つ会社、高機能、多機能製品を作れる会社かどうかでした。

◆ 大量生産・大量販売のビジネスモデルはもはや通用しない

　日本企業には、企業各社が勝ち残るための戦略が必要になっているのです。まじめに努力するだけでは勝てなくなりました。

　戦略がなければ勝てない条件がいくつかあります。グローバル化の進展による競争激化、モノ余りの時代、消費者（買い手）が主導権を持つ時代、大量生産・大量販売のビジネスモデルが不成立になる場合です。大量生産・大量販売のビジネスモデルが通用しない日本において、戦略の重要性が高まっています。

　戦略が必要な時代の決め手は、戦略（What）が優れた会社、付加価値競争に勝ち抜ける会社、ブランド力を持つ会社、サービス力やマーケティング力に優れている会社かどうかです。

■戦略がなくても勝てた時代、戦略がなければ勝てない時代

戦略がなくても勝てた時代	戦略がなければ勝てない時代
規制で競争が制限されている場合	グローバル化の進展による競争激化
モノ不足の時代（作れば売れた時代）	モノ余りの時代（モノが有り余る状態）
メーカー（売り手）が主導権を取れた時代	消費者（買い手）が主導権を持つ時代
大量生産・大量販売のビジネスモデルが成立	大量生産・大量販売のビジネスモデルが不成立
戦略が「不要」な時代の競争優位の決め手	**戦略が「必要」な時代の競争優位の決め手**
手段（HOW）が優れた会社	戦略（What）が優れた会社
コスト競争力が優れた会社	付加価値競争に勝ち抜ける会社
オペレーションに優れている会社	ブランド力を持つ会社
高い技術を持つ会社	サービス力に優れている会社
高機能、多機能製品を作れる会社	マーケティングに優れている会社

3 戦略のフレームワーク3C

◆フレームワークとは全体を把握するための構成要素

　戦略を考えるためのフレームワークに3Cと4Cがあります。フレームワークとは全体を把握するための構成要素です。フレームワークを考えることで、全体をモレなくダブリなく把握することが容易になります。

　フレームワークをとらえることで、一見複雑なものを、単純明快にとらえることができます。たとえば、第4章で詳しく述べますが、マーケティングを4Pのフレームワークでとらえることができます。4Pとは、製品（Product）、価格（Price）、プレイス（Place）、販売促進（Promotion）の4つです。

　個人の人生について考えると、仕事、自分自身、知人関係（家族、親戚、友人、恋人など）の3つがフレームワークと考えられるのではない

でしょうか。仕事ばかりの価値観に偏ると、自分自身の人生に潤いがなくなるかもしれません。

◆戦略のフレームワーク3C

　戦略のフレームワークである3Cとは、**顧客**（Customer）、**競合**（Competitor）、**自社**（Company）です。そして4Cでフレームワークをとらえる場合、**チャネル**（Channel）が加わります。チャネルとは、商品を顧客まで届ける販売網、流通網のことです。チャネルを、販売チャネルとか、流通チャネルと呼ぶこともあります。

　マーケティングで言うプレイスは、4Cのチャネル（Channel）と同義語です。商品を販売するプレイス（場所）という意味から、商品を顧客に届けるチャネルという意味があります。一般的に、3Cのほうが戦略のフレームワークとしてとらえる機会が多いようです。

　4Cのどれ1つおろそかにしても、戦略はうまく機能しません。まず顧客不在の経営では、企業の永遠の繁栄はあり得ないでしょう。自社内だけに目を向けてしまっては、売上が思うように伸びないでしょう。

　また自社不在の経営では、自分の実力を棚に上げて経営しても、足下をすくわれてしまうでしょう。たとえば、事例としたイトー電器におけるインスタントラーメンや居酒屋チェーンの新規事業は、自社の本業や得意領域を無視して失敗したと言えるでしょう。

　競合不在の経営では、競合の先進性に出遅れてしまいます。競合が新しい製品や技術を開発すれば、それに追随しなければ、大きく後れを取ってしまうでしょう。また、競合から学ぶ謙虚さも必要です。

　チャネルがなくても、商品を上手く販売することができません。新しくチャネルを開拓するには、莫大なお金と時間がかかります。イトー電器におけるインスタントラーメン事業のように、チャネルがない新規事業開発の失敗例は枚挙に暇がありません。

■戦略のフレームワーク3C、4C

▶戦略の3C

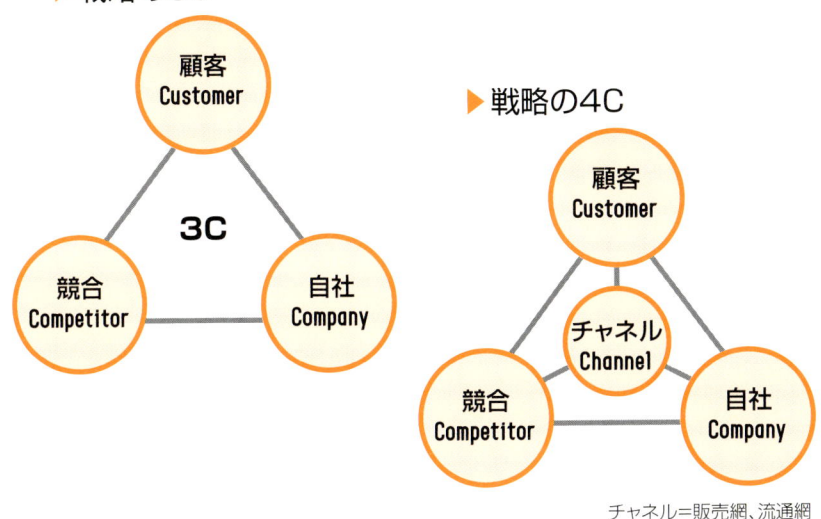

- 顧客 Customer
- 競合 Competitor
- 自社 Company

3C

▶戦略の4C

- 顧客 Customer
- チャネル Channel
- 競合 Competitor
- 自社 Company

チャネル＝販売網、流通網

4 戦略とは選択と集中

◆戦略とは勝ちを取りにいく領域を「選択」する

　戦略とは、成長戦略に見られるように、限られた資源を最適配分して、投資対効果を最大化することです。そして、継続的な競争優位を確立することが必要です。そこで、まずは自社にとって重要な領域を「**選択**」することが必要です。

　選択するということは、重要な領域に優先順位を付けるのと同時に、優先順位を付けない領域を明らかにすることでもあります。選択するということは、切り捨てる分野も存在することになります。

　戦略とは、やることを決めると同時に、やらないことを決めることでもあります。総花的、総合主義では、なかなか勝てない時代です。ターゲットに照準をしっかり当てて、顧客にジャストミートする商品やサー

ビスを提供することで、盤石な経営基盤を確立することが可能になります。

◆**選択した領域に経営資源を「集中」させて競争優位を確立する**

「選択」で、重要な領域に優先順位を付けたら、選択した場所で競争優位を確立するために、経営資源を「**集中**」させます。できれば、選択した領域でナンバーワンを目指したいものです。

経営資源とはヒト・モノ・カネ・情報です。ヒトは社員や派遣社員などの労働力、モノは製品を生み出すための設備や資産、カネは資金です。情報は顧客情報、技術やノウハウの情報、業務推進に必要な情報などを指します。なお近年、ヒト・モノ・カネ・情報に加えて、「時間」が重要な経営資源の1つになっています。

「戦略とは何？」と聞かれたとき、「**選択と集中！**」と答えておけば、それなりに説明することができます。勝ちを取りにいく領域を選択して、選択した領域に経営資源を集中させて、確実に勝ちを手に入れることです。選択で狙いを定めて、経営資源を集中させて勝ちを取りにいくのです。できれば、ナンバーワンを目指したいものです。

豆知識　ナンバーワンとナンバーツーの格差

　日本で一番高い山は、富士山ですね。では、日本で2番目に高い山はどこでしょうか？　すぐに思い浮かばないのではないでしょうか。答えは北岳です。知っている人は、20人に1人程度でしょうか。それだけ、ナンバーワンとナンバーツーの認知度の格差は大きいのです。

column 0

リストラを3か月早まった建機会社

　ショベルカーやクレーンなどの重機や建設機械を作っているA社では、リストラのタイミングを早まってしまいました。

　4、5年くらい前まで、重機は右肩下がりで、需要が落ち込む一方でした。そこで、思い切って生産ラインのリストラをしたのです。日産100台の生産ラインを、日産60台まで減産しました。そのため、多くの社員を早期退職のかたちでリストラしました。

　ところが、それから3か月後、異常事態が発生しました。中国で重機の特需が起きたのです。建設ラッシュが起きていた中国では、建設に必要なショベルカーやクレーンを個人が購入して、個人事業者となります。その重機を持ち込んで建設会社の下請け工事を行うのです。日本でいえば、トラックを購入して赤帽（軽自動車による貨物運送）をやるような感覚です。

　こうして重機需要は急拡大。工場ラインを絞ったばかりのA社は急遽、生産ラインの能力増強を迫られることになりました。経営者たちは「リストラしなければよかった……」と、ため息をついたそうです。酷な言い方になりますが、経営者に先見の明、グローバルな視点がなかったのですね。

　かくしてA社は、日産150台の生産ラインを稼働させるために、一度退職した社員をあわてて呼び戻したそうです。

第1章

戦略の定石を理解しよう

本章のストーリー

フェーズ1-1／戦略勉強会の始まり
フェーズ1-2／新規事業の留意点
フェーズ1-3／温故知新で「孫子の兵法」に学ぼう
フェーズ1-4／「ランチェスター戦略」にも戦略の極意がいっぱい

本章で学ぶこと

レクチャー1-1／専門用語を理解しておこう
レクチャー1-2／多角化戦略の定石
レクチャー1-3／「孫子の兵法」から戦略の極意を知る
レクチャー1-4／「ランチェスター戦略」から戦略の極意を知る

本章のあらすじ————*the Outline of Chapter 1*

　イトー電器に経営企画室が正式に発足し、伊藤室長のもとに山口くんと川田さんがスタッフとして加わり、財前先生の戦略勉強会が本格的に始まります。

　「戦略」と「戦術」の違いをようやく理解したばかりの3人は、いわば新入生のようなもの。過去2つの新規事業がなぜ失敗したのかというところから、財前先生は説いていきます。

　その説明過程で出てくるキーワードは、「ドメイン」「コア・コンピタンス」「ソリューション」「シナジー」などなど。飲み込みの早い生徒たちに満足した財前先生は、専門用語の基本的解説に続いて、「多角化戦略の定石」、戦略の極意を秘めた「孫子の兵法」「ランチェスター戦略」へと講義を進めていきます。

| フェーズ **1－1** | 戦略勉強会の始まり |

まず、「どこで」「何を武器にして」戦うのかを明確にする

――従来の新規事業の清算が決まり、2人は晴れて経営企画室に配属された――
伊藤「山口くんと川田さん、2人とも今までの新規事業を清算することになって、顔色がいいようだね。わが社は温情主義的なところもある。普通の会社なら、左遷ってところだったかな」
山口「伊藤室長、財前先生のおかげです」
伊藤「財前先生は、社長に対して『人を憎まず、しくみを正せ』と言っていたよ。悪者を作って責任転嫁をするのは簡単だけど、何も解決しない」
川田「かっこいい。でも、社長はムッとされてたんじゃないですか？」
伊藤「親父……いや、うちの社長も最近は丸くなったよ」
（財前先生が来社）
伊藤「おはようございます」
財前「おはようございます。早速ですが、本日から勉強会を始めます。皆さん、きちんと宿題はしてきましたか？」
川田「わたし、ノートに大切なことをメモしておきました」
財前「すばらしい。山口くんは本を読んで、何か気がついたことはありませんか？」
山口「いっぱいあるのですが、何から話していいか……」
財前「山口くんが提案した新規事業がなぜ失敗したのか、なぜ撤退したほうがいいのか、わかったかな」
山口「あいた、た、た。先生、胸がイタイです。素人が玄人に真っ向から勝負したって勝てませんよね。相撲で言えば、小学生が大相撲の土俵に上がって、横綱に片手でヒョイとつまみ出された感じです。とうてい勝負にならない土俵で戦っていました」
財前「そうだね。経営戦略でいえば『ドメイン（事業領域）』だね。自社のドメインでないところで戦っても勝ち目はない。また、『コ

ア・コンピタンス（自社の競争力となる強み）』がないと、競合に勝てるわけがありません」

山口「先生、ごもっともです。隣の芝生は青いと思っていましたが、近づいて見ると青くなかったです」

財前「知らない世界は楽なように見えるけど、そこはそこで激戦区なんです。いくら研究開発費用を投入しても、日清のカップラーメンには勝てません。イトー電器は食品会社ではないのです。スーパーの販売チャネルもないし、販売チャネルの開拓は非常に大変なことなんです」

山口「戦略を無視した猪突猛進、反省しています」

財前「では皆さん、今日から本格的に経営戦略の勉強をしていきましょう」

一同「よろしくお願いいたします！」

レクチャー 1-1 専門用語を理解しておこう

1 どこで戦うのか、ドメインを明確化する

◆ドメインが新規事業の邪魔をしないよう「広がりを持たせる」とは？

　戦略を考えるうえでまずしなければいけないことは、「どこで戦うのか？」を明らかにすることです。地の利がわかる自社の得意領域で戦いを仕掛ければ、有利に戦いを進めることができます。

　一方、地の利がわからない場所で戦うと、思わぬリスクに足下をすくわれてしまいます。予期せぬ障害をなくすには、地の利がわかる自社の得意領域で戦いを仕掛けることが定石になります。

　自社の得意領域である本業を、戦略では「**ドメイン（事業領域）**」といいます。ドメイン以外で、安易に新規事業を推進するのは得策ではありません。新規事業をやるなら、ドメインの中で考えることが大切です。

　ドメインは、新規事業を考えるガイドラインでもあります。したがって、ドメインを決める場合は、広がりがある定義が必要です。広がりを出すためには、手段ではなく、機能や目的で定義することが大切です。

　たとえば、JR（日本旅客鉄道）が鉄道事業を「鉄道」という手段で定義すると、事業の広がりがなくなります。鉄道以外の事業を否定している意味にとらえられるからです。では、パッセンジャー・ソリューション事業ととらえてみてはいかがでしょうか。パッセンジャー（乗客、旅客、通行人）のあらゆる問題解決をする事業とすれば、駅ナカ（駅の中のお店）ショッピングや、駅ビル開発などの駅周辺開発事業もドメイン内であると定義することができます。

　パッセンジャー・ソリューションのように、ドメインに広がりを出す

ために近年使われている言葉に、「**ソリューション（問題解決）**」があります。たとえば、情報システム開発事業と定義していた企業が、情報ソリューション事業と定義し直すことで、情報コンサルティング、インターネット事業支援など、新規事業をしやすい定義にすることができます。

◆シナジー（相乗効果）を高めて経営資源の効率を最大化する

　ドメイン内で事業を広げることで、**経営資源のシナジー（相乗効果）**を享受することができます。シナジーを高めることで、経営資源がフル活用でき、競合より有利に戦うことができます。

　では、何のシナジーを活用することが可能なのでしょうか。技術、チャネル、設備、情報、人——これらのシナジーを活用できないかを考えてみるといいでしょう。

　技術のシナジーでは、自社にある既存技術を共同利用するとか、既存技術を応用して、技術のレベルアップを図ることを目指します。実践での問題点が克服されている既存技術を活用することで、技術の開発期間や開発コストを短縮することが可能です。また、すでに取得した特許を活用できれば、他社の参入障壁を築くことも可能です。

　チャネルのシナジーでは、すでに開発されている販売シャネルを利用することで、販売チャネル開拓に必要なコストと時間を短縮できます。既存の販売チャネルに新製品や新規事業を投入することで、販売チャネルのパイプも太くなります。

　設備のシナジーでは、すでにある設備を活用することで、設備投資額を抑え、かつ設備の稼働率を高めることができます。その他、情報のシナジーでは、既存の顧客データベースや情報インフラの活用などがあります。また人のシナジーでは、ノウハウを持った社員を人事交流させることで、シナジーが高まります。

■本業のドメイン（事業領域）で戦う

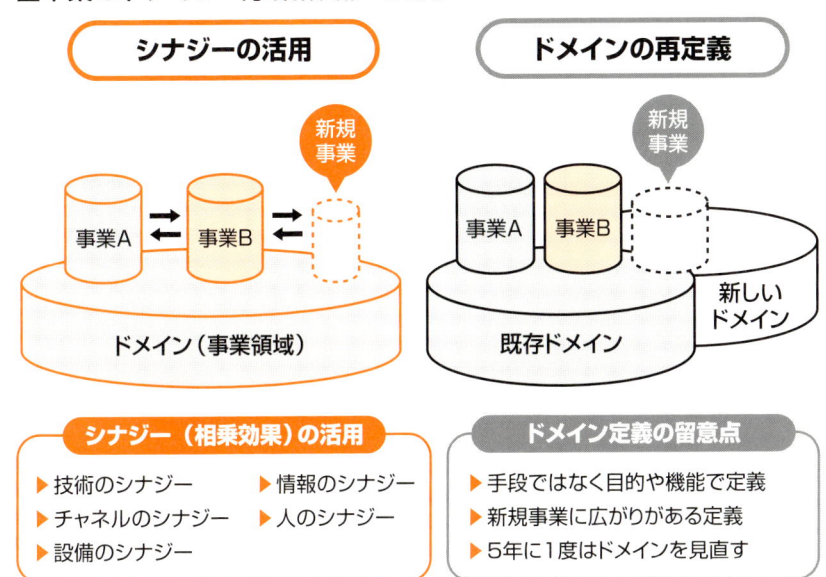

シナジーの活用

ドメイン（事業領域）
- 事業A　事業B　新規事業

ドメインの再定義

既存ドメイン／新しいドメイン
- 事業A　事業B　新規事業

シナジー（相乗効果）の活用
- ▶技術のシナジー　　▶情報のシナジー
- ▶チャネルのシナジー　▶人のシナジー
- ▶設備のシナジー

ドメイン定義の留意点
- ▶手段ではなく目的や機能で定義
- ▶新規事業に広がりがある定義
- ▶5年に1度はドメインを見直す

◆ドメインの固め方、見直し方

　ドメインは「事業の定義を明らかにすること」です。ドメインは、次の3つの定義を明らかにすることが大切です。①どのような「顧客層」の、②どのような「ニーズ」に向けて、③どのようなコア・コンピタンス（競争力となる強み）に基づく商品やサービスを展開するのか、を明らかにするのです。なお、コア・コンピタンスは、競争力となる強みとして、技術やチャネルの強みから選択します。

　掃除用具のレンタルで有名なダスキンの例で考えてみましょう。ダスキンの顧客層は、個別住宅、個別企業などです。量販店のような店頭販売ではなく、個別訪問によってサービスを提供します。次にニーズですが、ダスキンは「きれいにする」ニーズを充足させるビジネスととらえることができます。そして、コア・コンピタンスは、きれいにするノウハウ、レンタルのノウハウ、全国600万戸の訪問販売チャネルです。

■ドメインの定義

ドメインとは「事業の定義を明らかにすること」
① どのような**顧客層**の
② どのような**ニーズ**に向けて
③ どのような**コア・コンピタンス（技術やチャネル）**に基づく商品やサービスを展開するか

ダスキンの場合

① 顧客層 — 個別住宅 個別企業など
② ニーズ — きれいにする
③ コア・コンピタンス（技術やチャネル） — きれいにするノウハウ レンタルのノウハウ 訪問販売チャネル

ドメイン

　ドメインは、簡単に変更するものではありません。しかし、5年に1度の頻度で見直すことが目安とされています。新規事業などの多角化で事業が拡大すれば、何年かごとにドメインも大きく見直す必要があります。

2　コア・コンピタンスで競争優位を確立する

◆コア・コンピタンスとは競争力となる強み

　コア・コンピタンスとは、他社に負けない競争力となる強みです。コア・コンピタンスを武器に戦えば、他社と差別化し、競争優位を確立することができます。

　コア・コンピタンスは、木の根っこにたとえることができます。丈夫な木の根があれば、幹が太くなり、枝葉が生い茂り、たくさんの花が咲き、みごとな果実が実ります。

木が生えている大地は、ドメインです。ドメインにどっしりと下ろしている木の根がコア・コンピタンスです。木の幹はコア製品、枝葉が事業部、花や果実が最終製品にたとえられます。

　重機メーカーの建設機械で考えてみましょう。ドメインはメカトロニクス分野です。コア・コンピタンスは油圧制御技術、コア製品は油圧ユニットです。そして油圧ユニットを生産する事業部は、油圧制御機器事業部、果実となる最終製品は、クレーン、ショベルカー、フォークリフト、プレス機械、板金機械などが考えられます。

　コア・コンピタンスを決める条件は、「将来性があること」「さまざまな用途に応用できること」「簡単に他社に真似されないもの（差別化が継続できること）」を選ぶことが大切です。

■コア・コンピタンスとは競争力となる強み

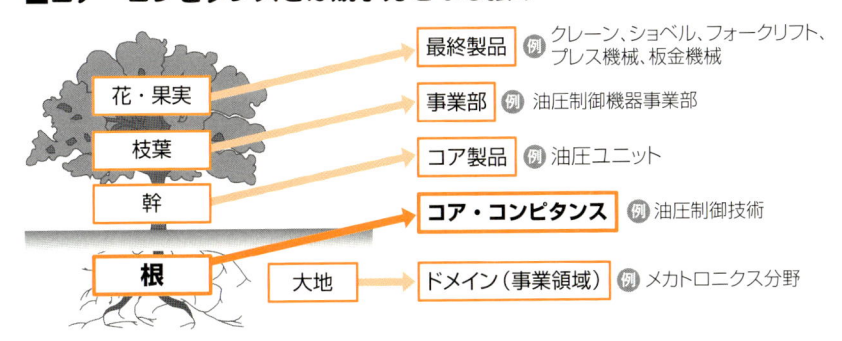

木の部位	対応	例
花・果実	最終製品	クレーン、ショベル、フォークリフト、プレス機械、板金機械
枝葉	事業部	油圧制御機器事業部
幹	コア製品	油圧ユニット
根	**コア・コンピタンス**	油圧制御技術
大地	ドメイン（事業領域）	メカトロニクス分野

★独自性、将来性、他社が真似できないものを選択

コア・コンピタンスの条件
❶将来性があること
❷さまざまな用途に応用できること
❸簡単に他社に真似されないもの（差別化が継続できること）

↓

コア・コンピタンスを維持するためには、継続的な先行投資が不可欠

◆コア・コンピタンスの留意点

　コア・コンピタンスは、3つ前後に絞り込むことを目安とします。多すぎればコア（中核）になりません。3つ前後、5個以内が目安です。

　コア・コンピタンスは、組織単位で多面的にとらえることも可能です。全社のコア・コンピタンスを3つ前後設定して、事業部ごとにも3つ前後設定してもかまいません。ただし、バラバラではなく、ある程度全社としての整合性を確保する必要はあります。

　個人としてのコア・コンピタンスを明確化するのも一案です。「あなたのコア・コンピタンスは何ですか？」と聞かれたときに、即答できますか。漠然と「優秀な頭脳です」とか、「多彩な発想力です」というのでは、コア・コンピタンスではありません。人に負けないコア技術（専門スキル）や実際に役立つチャネル（人脈）を育てることを意識しましょう。

　コア・コンピタンスが明確になって安心していると、いつの間にか競合に追いつかれてしまいます。コア・コンピタンスを守り抜くためには、技術開発などの、継続的な先行投資が不可欠です。

3　主要成功要因（KFS）とビジネスモデル

◆KFS（主要成功要因）とは利益の源泉を明らかにすること

　経営資源をどうやって集中させれば、競争優位を確立できるのか。それを簡潔に示したものが、**KFS**（Key Factor for Success：主要成功要因）です。全社員がこの指針を持って事業を推進すれば、全社の経営資源がフル活用できるという考え方を示したものです。KFSは「利益の源泉は何か？」を明らかにするものでもあります。

◆銀行、不動産仲介（手数料）のＫＦＳ

　ＫＦＳの理解を高めるために、いくつか事例をご紹介しましょう。

　銀行のＫＦＳは、安い金利で預金というかたちで資金調達して、高い金利で企業や個人に貸し出すこと、そして金利の差額を最大化することがＫＦＳです。ＫＦＳにこだわってビジネスをすれば、利益の源泉を手に入れることができます。

　不動産会社のＫＦＳは、仲介手数料を売買金額の３％（正確には３％＋６万円、契約金額400万円超の場合）を、売り手と買い手の双方から得ることで収益を上げることです。売り手と買い手からのそれぞれ３％の手数料（計６％＋12万円）は、法律で保護された金額です。手数料の値下げ競争をしない限り、続くでしょう。ちなみに米国では、不動産会社の手数料は売り主から手数料６％、買い主からはゼロです。

　不動産価格が上がれば、不動産会社は笑いが止まらないでしょう。たとえば、５億円の物件を１件仲介しただけで、3,012万円の手数料が入ります。

◆製薬会社（新薬、ゾロ）のＫＦＳ

　製薬会社では、２通りのＫＦＳがあります。どちらを取るかは、製薬会社の資本力にあります。

　資金力がある製薬会社は、新薬開発による20年間の独占販売がＫＦＳです。新薬を開発には約10年かかると言われています。しかし成功すれば、薬事法の保護のもと、20年間の独占販売が可能になります。法規制を活用したＫＦＳといえます。

　一方、資金力がない製薬会社は、新薬開発をあきらめ、モノマネ戦略を基本とします。20年間の特許が切れた薬品を、格安で大量に販売します。感冒薬などは、特許切れの薬品が数多くあります。新薬開発を１番手戦略とすれば、モノマネ戦略は２番手、３番手戦略ということができ

ます。製薬業界でのモノマネ戦略は、ぞろぞろ出てくる、またぞろ出てくるということから、ゾロ戦略と呼ばれています。

なお、ゾロ戦略で開発された薬品を総称して「ジェネリック薬品」と呼んでいます。ジェネリック薬品は、新薬開発した会社の薬品の3分の1以下の価格と言われています。

4 戦略の定石──3S

◆選択─差別化─集中

2つの会社が同じような製品を並べて販売したら、買い手はどちらを買うでしょうか。買う立場からすれば、おそらく安いほうを買うでしょう。一方、売る立場からすれば、安くしないと買ってもらえないから、他社よりも1円でも安く売ろうとするでしょう。

他社も自社製品を売りたいから、さらに値下げするでしょう。同じような商品を作っていたのでは、両社が値下げ競争をせざるを得ない状況になります。これではデフレスパイラルが起きてしまいます。

値下げしなくても売れるためにはどうすればいいでしょうか。価格競争に巻き込まれないためには、他社との差別化が必要です。他社との違いを明確にすることで、値引き競争から抜け出すことが可能になるのです。

戦略に不可欠なものは、差別化競争です。また一方で、戦略を「選択と集中」と表すことができます。これらを合成すると、「**選択─差別化─集中**」としてまとめることができます。すべてサ行で始まる言葉なので、「**戦略の3S**」と覚えておくと、思い出すのに便利です。

3Sの極意は、勝ちを取りにいく領域を「選択」して、他社と「差別化」を考えて、経営資源を「集中」してその分野でナンバーワンを目指すことです。

選択するということは、何かを捨てることでもあります。戦略とは、「やるべきことを決めると同時に、やらないことも決めること」でもありました。重点領域を選択することで、ターゲット目標を明確化します。
　次に差別化ですが、他社のモノマネでは差別化になりません。他社に類がないほど優れた差別化はオンリーワンです。できればオンリーワン（質的に比較するものがない唯一のもの）を目指したいものです。
　そして選択と差別化目標が決まったら、目標を達成するために経営資源を集中して、ナンバーワン、ないしオンリーワンを目指します。

◆3Sを個人の生き方にも適用する

　個人の生き方においても、3Sの極意を適用してみてはいかがでしょうか。自分の専門分野を選択して、他人と差別化を考えて、自分の時間

■戦略の定石は3S

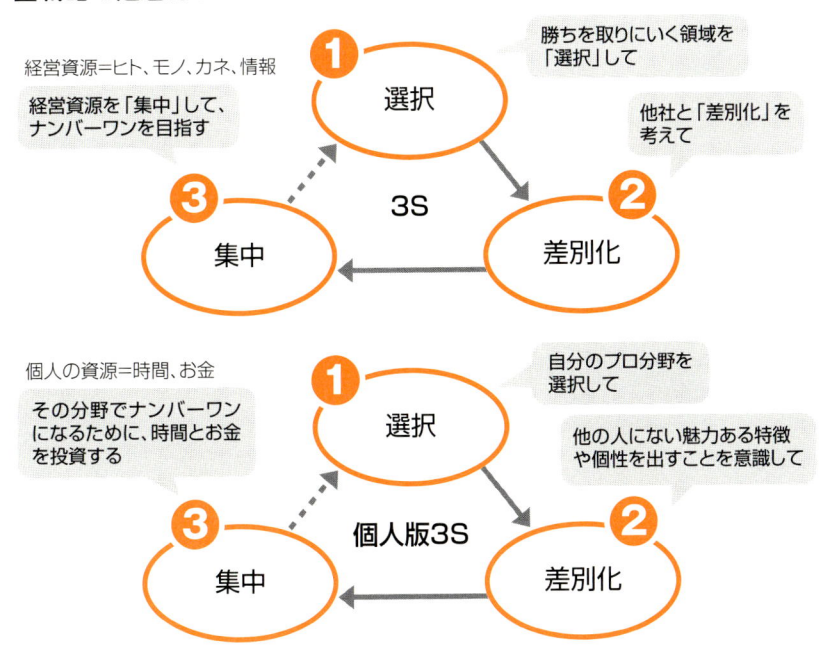

【図：3S】
経営資源＝ヒト、モノ、カネ、情報
① 選択 — 勝ちを取りにいく領域を「選択」して
② 差別化 — 他社と「差別化」を考えて
③ 集中 — 経営資源を「集中」して、ナンバーワンを目指す

【図：個人版3S】
個人の資源＝時間、お金
① 選択 — 自分のプロ分野を選択して
② 差別化 — 他の人にない魅力ある特徴や個性を出すことを意識して
③ 集中 — その分野でナンバーワンになるために、時間とお金を投資する

とお金を集中して、その専門分野でナンバーワンを目指します。

　個人においての経営資源とは、自分の時間とお金です。時間は有限ですが、すべての人に等しく1日24時間です。この限られた時間をいかに配分するかは、人生戦略で最も大切なことだと思います。

　人生における「仕事」「自分」「知人関係」の3つの要素のうち、どこにどう時間を配分するかは、重大な人生戦略の1つです。仕事ばかりに時間を奪われて、自分を見失っている人が多いのではないでしょうか。また、仕事の中でも、どの仕事にどう配分するかも大切です。もちろん、仕事の中でスキルアップすること、投資対効果の高い仕事を優先することなども重要でしょう。

　自分の限られた時間とお金をどう配分するか。人生の3Sを意識して、自分の専門分野ややりたいことを選択し、他人との差別化を考えて、自分の時間とお金を集中して、選択した分野でナンバーワンを目指しましょう。

豆知識　ミルクを売っても牛を売るな

　米国は20年以上前、自国の発明した製品を、日本企業が大量生産することで稼いでいる状況に脅威を感じました。そこで米国の競争力を維持するため、「ミルクを売っても牛を売るな」という方針を明確化しました。ミルクとは、製品や部品です。牛は、ミルクを生み出す元となるもの、すなわちコア・コンピタンスです。牛を守るために、米国は知財戦略を、国を挙げて強化してきました。

　現在、日本と中国の関係において、同じような関係が起きています。日本企業としても、「ミルクを売っても牛を売るな」を教訓にすべきではないでしょうか。気がついたら中国に牛を奪われて、日本製品が売れなくなるということがないように願っています。

フェーズ 1-2	新規事業の留意点

事業の多角化を行うときの定石を知っておく

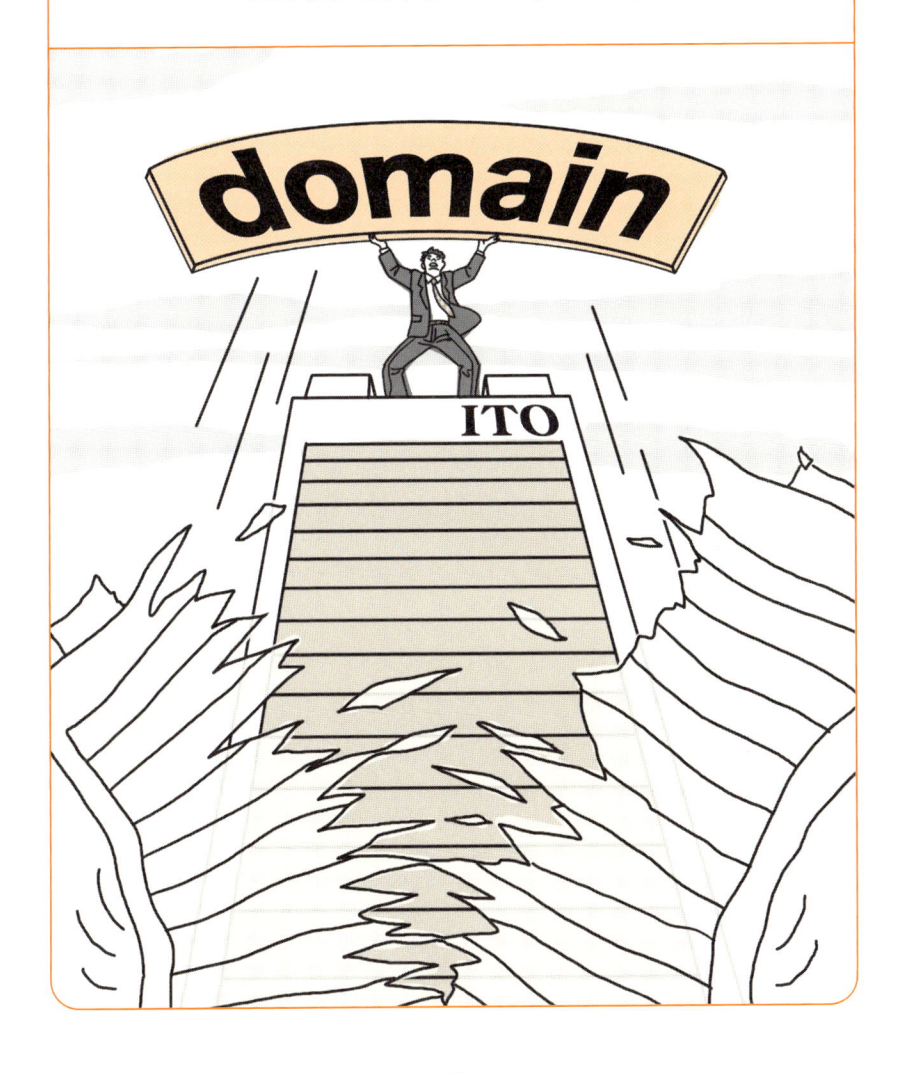

財前「伊藤室長と川田さんは急用で外出しましたが、次に新規事業である多角化で留意することを考えていきましょう」

山口「先生、先ほどドメインについて勉強しましたが、ドメインを決めると、かえって多角化を制限することになりませんか？」

財前「その逆です。いいドメインの定義は、多角化の促進につながります。逆にドメインの定義が悪いと、多角化を制限してしまいます」

山口「良いドメイン、悪いドメインの違いは何ですか？」

財前「良いドメインの定義は、手段ではなく、目的や機能で定義するのです。たとえば、アマゾン・ドットコムで考えてみましょうか。アマゾンが『インターネット書店』とドメインを定義すれば、それは手段です。本を売るという手段。だから、本しか売ることができない」

山口「はい」

財前「で、アマゾンがドメインを『インターネットショッピング事業』と定義すれば、本以外の商品、たとえばＤＶＤとか家電製品を売ることができる。さらに、『インターネットソリューション事業』と定義すれば、ショッピングだけでなく、コミュニティサイトなど、さらに事業を拡大することができるわけです」

山口「何となく広がるイメージがわかってきた気がします」

財前「ドメインは３〜５年に１度、見直します。短期間で見直しが必要になるほうが、事業が発展しているとも考えられます」

山口「先生、ドメインの見直しって、なんだか脱皮みたいですね」

財前「そう、会社も脱皮が必要なんです」

（ここで山口君が話題を変える）

山口「ところで、先生に質問があります。どうして近年、日本でＭ＆Ａ（合併・買収）が増えているのですか？」

財前「ひとことで言えば、スピードが要求されるようになったからです

ね。新製品開発にしろ、新規事業開発にしろ、スピードが勝敗を分ける時代です。ゼロから新規で立ち上げても、時間がかかってしまう。だから、すでにある技術や会社を買ってしまうのです」
山口「スピーディな多角化のためですか？」
財前「そういうこと。君は、インスタントラーメンをゼロから開発しましたね。開発までに1年半、やっと売り出したと思ったら、販売店は相手にしてくれない。この前、山口くんが作ったインスタントラーメン、食べさせてもらいましたよ。忘れられない味でした」
山口「光栄です」
財前「いや、率直に言わせてもらうと、マズくて……。いまだにあの味が忘れられず、思い出すと吐き気がしますよ」
山口「先生、そこまでおっしゃいますか。ヒドイ！」
財前「ゴメン（苦笑）。私は正直者でお世辞が言えない性分なんです。気にしないでください。冗談はさておき、M&Aで技術・人材・販売チャネルなども一気に手に入れて、新規事業をトップギアで推進できるんです」
山口「先生、どんどん買収しちゃいましょう」
財前「危なっかしいですね。買収は巨額の資金が必要になる。だから、M&Aができるのは、上場企業のように、株式市場から増資や転換社債発行などで巨額の資金調達ができる企業に限られるんです」
山口「先立つものはお金ってことですね」
財前「まあ、米国のベンチャー企業では、買収されるのも創業者や株主にとっては妙味がある。株を高く買ってもらって現金を手に入れれば、また新しい事業を始める資金が手に入りますからね」
山口「そうだったんですか」
財前「では、勉強会を続けましょう。以下の解説をしっかり頭に入れ、伊藤室長と川田さんには君からレクチャーしておいてください」

レクチャー 1-2 多角化戦略の定石

1 多角化戦略とPMマトリックス

◆PMマトリックスで多角化の候補を考える

　イトー電器の多角化は失敗したのですが、何が悪かったのでしょうか。多角化を考えるとき、PMマトリックスで考えると、方向違いの多角化を未然に防ぐことができます。

　PMマトリックスは、横軸に製品（P：Product）、縦軸に市場（M：Market）をとります。製品には、事業も含めて考えます。市場には、顧客やチャネルも含めて考えます。PMマトリックスは製品と市場をそれぞれ既存と新規に分けてマトリックスにします。

　既存製品・既存市場は現行事業内の「市場浸透」です。既存事業を死守することは、企業存続の大前提です。

　新規製品・既存市場は新製品開発です。既存の販売チャネルを活用しながら新製品を継続的に開発し続けることで、成長戦略が可能になります。

　既存製品・新規市場は新市場開拓です。今ある製品を新しい市場に投入することで大きく売上を拡大するチャンスが生まれます。販売チャネルの拡大でもあります。たとえば店頭だけで販売していた製品を通信販売する、国内だけで販売していた製品を海外に販売するというのは新市場開拓です。

　新規製品・新規市場は事業の多角化です。事業の多角化で中長期的には、事業のポートフォリオを成長分野にシフトしていくことも必要です。

■多角化分析のためのPMマトリックス

```
                    P=製品/事業 →

         製品(Product)  既存製品      新製品
    市場(Market)        既存事業      新規事業

    既存市場      【市場深耕】      【製品・事業開発】
    既存顧客      現業の深化        新製品開発
                  市場の浸透        新規事業開発
                  リスク極小        リスク小・中

    新市場        【市場・顧客開拓】 【事業の多角化】
    新規顧客      新市場開拓        多角化
                  新規顧客開拓      製品・市場開発
                  リスク小・中      リスク大
```

M=市場/マーケット ↓

マーケティングなどによる事業成長

▶既存のP、またはMのどちらかのシナジーを活用することでリスクを低減する

◆シナジーが活かせる多角化を考える、M＆Aも視野に入れる

　PMマトリックスは、P（製品、事業）とM（市場、顧客、チャネル）の既存領域をうまく活かしながら、多角化を考えることの重要性を伝えています。既存のPとMを無視した安易な多角化は、なかなか成功しないことを意味しています。

　では、PとMが両方新規の分野に、手を出してはいけないのでしょうか。多角化は意思決定の問題ですから、どうしても手を出してはいけないというわけではありません。ただし、成功確率の低下、先行投資の増大、収益を上げるまでに時間がかかることを余儀なくされます。

　PとMが両方新規の分野に進出する方法として、日本でも近年M＆A（Merger & Acquisition：合併・買収）が用いられるようになりました。M＆Aは多角化の一種で、お金で時間を買う「スピードの多角化」と言われています。会社が所有するノウハウやブランド力、顧客やチャネルなどを一気に手に入れるスピードの多角化です。

とはいえ、本業を重視した多角化が原則です。地の利がないところに無理やり進出しても、思わぬリスクに足を引っ張られてしまいます。未知のジャングルを進むより、すでに開拓された見晴らしがいい大地を進んだほうが、リスクも少なく、実りも大きいのです。

2 多角化リスクを低減するアライアンス

◆パートナー企業と双方の強みを結集するアライアンス（協働）

近年、多角化リスクを低減させる手法として、アライアンス（協働）が活発になりました。**アライアンス**とは、対等なパートナー企業として、お互いの強みを出し合って、協働する（協力し合って働く）ことです。

アライアンスには、さまざまな目的があります。先端技術の共用、開発費の分担、販売チャネルの共用、デファクト・スタンダード（事実上の業界標準）の獲得などです。

かつて競合同士が国内で競争している時代においては、アライアンスはタブーとされていました。競合と提携すれば、技術漏洩のリスクが高まるからです。しかしグローバル競争の今日、国内企業同士で張り合っている場合ではありません。国内の競合同士がアライアンスを組んで、海外企業に対抗する力をつけることが必要な時代になったのです。敵は国内ではなく、海外にあるのです。また時には、海外企業とアライアンスを組んで、世界的な競争力をつけることも一案です。

◆なぜ競合企業が合弁会社を作るのか──アライアンスのねらい

競合といえども呉越同舟、背に腹は代えられません。アライアンスには、さまざまな目的があります。

第1の目的は、先端技術をともに出し合って、技術を融合させて最先端の技術を確立することです。開発の時間を短くすることが可能です。

第2の目的は、開発費の分担です。最先端の技術開発には莫大な資金が必要です。2社で共同開発をすれば、開発費の負担を半減することが可能です。

　第3の目的は、販売チャネルの共用です。たとえば、北米市場に強い企業、欧州市場に強い企業、アジア諸国に強い企業が、販売面でアライアンスを組むと世界市場で強い販売チャネルを確立することが可能です。

　第4の目的は、デファクト・スタンダードの獲得です。電機業界で近年注目を浴びているのは、DVD方式に代わる次世代記憶媒体のデファクト・スタンダードの争奪戦です。日本企業は、ブルーレイディスクを次世代記憶媒体のデファクト・スタンダードとしてねらっています。かつてビデオテープにおいて、松下陣営のVHS方式と、ソニー陣営のβ方式でデファクト・スタンダードの争奪戦が起きました。デファクト・スタンダードを制することは、技術戦略での重要事項です。

■アライアンス（協働）の主なねらい

先端技術の共用
A社の先端技術　B社の先端技術
→　先端技術の融合
最先端技術を一気に獲得

開発費の分担
松下　日立
→　液晶の共同開発
開発費が半減する

販売チャネルの共用
北米に強い　欧州に強い　アジアに強い
→　世界市場に強い

デファクト（事実上の業界標準）化
ソニー　シャープ　松下　日立
→　業界標準の規格獲得
次世代記憶媒体
ブルーレイディスク

▶異業種、競合他社とアライアンスを組んで多角化リスクを低減する

3 スピードの多角化——M＆A

◆M＆Aの種類

M＆A（Merger ＆ Acquisition）は、企業の「合併・買収」です。M＆Aは経営戦略の手法の1つです。通常は企業全体の合併・買収だけでなく、営業譲渡や株式譲渡、資本提携などを含めた、広い意味での企業提携の総称として使われています。

M＆Aは、自社に不足している経営資源を短期間に補うために用いられます。またM＆Aは、スピードの多角化とも言われています。異業種の買収などによって、短期間に多角化を実行することが可能になります。なお、売却する会社にとっては、事業の再構築やリストラを行うために、不採算部門を売却して、赤字の垂れ流しを止めたり借金返済をすることで身軽になれるというねらいもあります。

■M＆Aはスピードの多角化

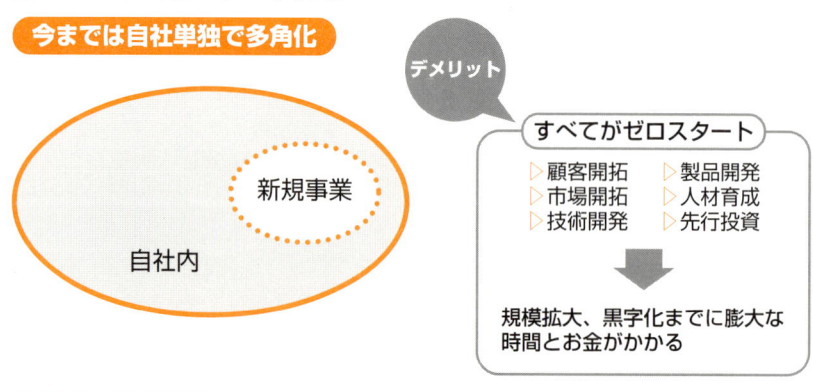

今までは自社単独で多角化

自社内　新規事業

デメリット

すべてがゼロスタート
▷顧客開拓　▷製品開発
▷市場開拓　▷人材育成
▷技術開発　▷先行投資

規模拡大、黒字化までに膨大な時間とお金がかかる

M＆Aのねらい

▶規模によるスケールメリット追求……銀行、損保、商社、製紙など
▶弱点の補強………………………………技術の補強、販売チャネルの補強
▶既得権の取得……………………………特許や許認可資格の取得

◆M&Aの手法

　買収の主な手法は、ＴＯＢ（Take-Over Bid）、ＭＢＯ（Management Buy-Out）、ＬＢＯ（Leveraged Buy-Out）の３つがあります。

　１つ目の**ＴＯＢ**は「株式公開買い付け」と訳されています。ＴＯＢは主に企業買収で使われる手法で、既存の株主に対して買い取る株数と株価を公表し、その提案に応じた株主から直接株式を買い取る方式です。買取価格が納得のいくものであれば、既存の株主は売却に積極的になります。たとえば、現在の株価が1,300円のとき、市場価格より高い1,500円で買い取ると公表すれば、既存の株主は売りたいと考え、ＴＯＢを仕掛けた会社は買い集めやすくなります。

　２つ目の**ＭＢＯ**とは、経営者自身が買収に参加することに特徴があります。サラリーマンである経営者がオーナーとして経営を継続していくのです。ＭＢＯは、「経営者自身による資本参加」です。サラリーマン経営者だけで全額買収資金を調達するのが困難なほど高額資金が必要なことも多く、金融機関やＶＣ（Venture Capital：ベンチャーキャピタル。企業に資本参加する資金調達機関）の資金面のサポートを受けて共同出資で行うのが一般的です。ＭＢＯで資本参加するサラリーマンの多くは、自社の社員です。ＭＢＯのメリットは、サラリーマンに夢を与えることができ、また所有と経営が一致することで経営者のやる気につながることがあります。

　３つ目の**ＬＢＯ**は、買収対象である企業の資産価値を担保に、実際の買収よりも先にお金を借りる手法です。あえて説明を短くすれば、「買収先資産担保による資金調達」と言えるでしょう。お金の借り入れは、買収側企業ではなく、買収される側企業の負債となります。ＬＢＯはハイリスク・ハイリターンの性格の強い買収です。敵対的買収の色合いが濃いため、現在までのところ日本ではＬＢＯの成功例は皆無です。

4 株式上場による資金調達のメリット

◆上場していないと買収資金調達が困難

　企業が資金調達をする場合、株式を上場していると資金調達が容易です。たとえば、M＆Aで企業買収するとき、大きな新規事業を手がけるとき、巨大な設備投資をするときなど、資金調達力が成否を握ることがあります。

　上場していない企業が資金調達する場合、金融機関からの借り入れとなるため、自社保有の担保物件が必要になります。借りた資金は、金利を加えて返済する必要があります。上場していない企業では、思い切った先行投資やM＆Aがきわめて困難です。積極的な先行投資による規模の拡大が難しいのです。

◆新株発行、転換社債発行による資金調達

　一方、上場企業では新株発行をすれば、自己資本として返済不要の資金が調達できます。たとえば、1株2,000円の時価で、新株を100万株発行すれば、20億円の資金が調達できます。自己資金力が高まり、自由に使えるキャッシュが手に入ります。

　また、転換社債を発行しても資金調達できます。転換社債は、投資家からの借入金ですが、社債が株式に転換されれば、返済不要になります。たとえば、転換社債を2,000円で株式に転換できるという条件で発行したとします。転換社債を購入した投資家は、株価が2,000円以上になれば、転換社債を株式に転換して売却したほうが得です。株式に転換された転換社債は、新株発行と同じ結果になり、借金返済が不要になります。

　また、上場により企業の知名度や信頼度が高まります。上場企業に勤務というと聞こえがいいので、求人にも有利になります。

■株式上場による資金調達のメリット

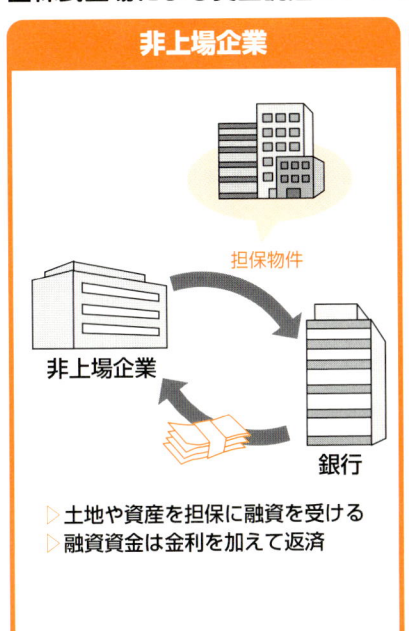

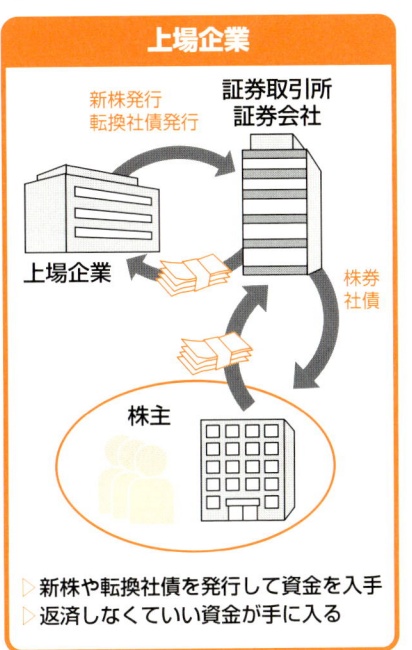

非上場企業

- 土地や資産を担保に融資を受ける
- 融資資金は金利を加えて返済

上場企業

新株発行・転換社債発行 → 証券取引所・証券会社
株券・社債 → 株主

- 新株や転換社債を発行して資金を入手
- 返済しなくていい資金が手に入る

豆知識　米国では買収されるのもベンチャー成功

　米国でのベンチャー企業の成功は、IPO（Initial Public Offering：株式公開）したときと言われています。ベンチャー企業の成功者は、IPOにより巨額の富を手に入れます。そして、IPOに次ぐベンチャー企業の成功は、他社に買収されたときだと言われています。買収されるだけの価値がある、魅力的な会社を目指すことも考慮に入れておきたいですね。

フェーズ 1-3　温故知新で「孫子の兵法」に学ぼう

2500年前の兵法から、現代にも通用する戦いの奥義を学ぶ

財前「いやあ、みなさんは吸収が早いですね。だけど、まだ序の口ですからね。経営戦略をもっと理解するためには、兵法を理解しておくこともいいのです。伊藤室長は歴史が好きですか？」

伊藤「歴史は大好きです。特に戦国時代はおもしろいですね。先生はいかがですか」

財前「もちろん好きですよ。秀吉や家康の軍師たちは、孫子の兵法もいろいろ勉強していたことでしょう。この孫子の兵法には、現代の経営戦略に通じる共通的な考え方があるのですよ」

伊藤「孫子といえば、今から2500年前ですよね。それほど昔の人が説いた兵法が現代にも役に立つのが不思議です」

財前「人間は昔も今も、本質的な部分では何も変わっていません。生き物としての本能は、ＤＮＡ（遺伝子）で受け継がれていくのです」

伊藤「では先生は、孫子の兵法に学べというのですね」

財前「そうです。温故知新です。たとえば、『勝ちやすさに勝つ』というのは、自社の得意領域であるドメインで戦えという教えになります。また、『戦わずして勝つ』というのは、現代ではＭ＆Ａやアライアンスの有効性を示唆しています。敵といえども同盟を結べば、強力な包囲網が結成できます」

伊藤「今までは、競合と戦うことに叱咤激励を飛ばされていました。競合と提携して合弁会社など、考えたこともありませんでした」

財前「まあ、ここは偉人の教えを学んでみてはいかがでしょうか。孫子の兵法は、孫子が書いたわけではありません。孫子の弟子たちが、孫子の秀でた戦略を書きとめたものです。ですから『孫子曰く』から始まるのです。そして現代までに伝えられるほど、孫子の教えは、現代にも通用する普遍性があるのです」

伊藤「謙虚に学びたいと思います」

レクチャー 1-3 「孫子の兵法」から戦略の極意を知る

1 戦わずして勝つのが最上級

◆孫子の兵法が現代に活きるワケ

　孫子は、今から約2,500年前の中国春秋時代に活躍した戦略家です。「孫子曰く」で始まる孫子の兵法は、孫子の死後、弟子たちが孫子の偉業を語り継ぐために書きとめたと言われています。

　そもそも戦略論は、戦いの歴史から生まれたものです。兵法や軍事の戦略は、現代の経営戦略の基礎となっています。かつての戦いは、命をかけて領土のシェアを奪い合いました。領土のシェアが、富の象徴だったからです。そして現代の経営戦略では、お金をかけて売上のシェアを奪い合います。

　奪い合うという点、人間同士が戦いに参画するという点において、昔と今の戦いの共通項といえます。人間が戦うという面において、時代を超えた理論が生まれ、そして伝えられてきたのです。

　兵法や戦略には**定石**があります。定石を知っていて戦い方を考えるのは賢者、定石を知らずに戦いに挑むのは愚者です。

　兵法や戦略の定石を知っていれば、ここで戦っても兵力を消耗させるだけだということが、容易に理解できるようになります。孫子の兵法では、「戦わずして勝つが最上級」だと説いています。また、定石を知っていれば、戦い方を創意工夫するようになります。まずは孫子の兵法の定石を知り、戦略家への第一歩を踏み出しましょう。

■兵法と現代の経営戦略との違い

兵法	経営戦略
命をかけて、領土のシェアを奪い合う ⟷	お金をかけて、売上のシェアを奪い合う
戦わずして勝つ ⟷	M＆Aやアライアンスで、競争を回避する
勝ちやすさに勝つ ⟷	自社の得意領域であるドメインで勝負する

人間の本能は普遍である。ゆえに兵法は時代を越えて生き続ける

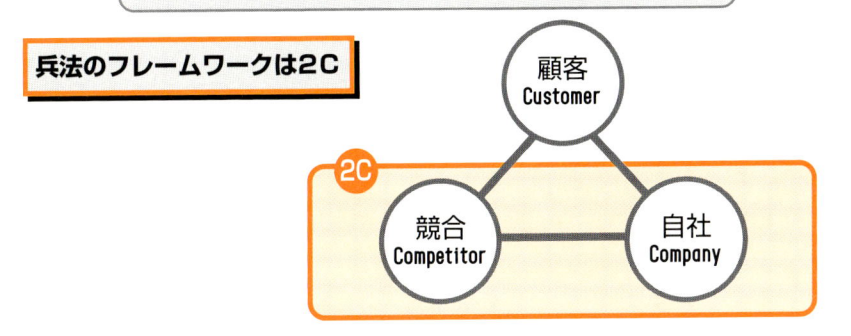

兵法のフレームワークは2C

2C
- 顧客 Customer
- 競合 Competitor
- 自社 Company

◆アライアンスやM＆Aで「戦わずして勝つ」

　兵法は、現代の経営戦略に活かせる理論や考え方が大半です。しかし、1つだけ、兵法と現代の経営戦略に違いがあります。その違いとはフレームワークです。経営戦略のフレームワークは3C（顧客、競合、自社）です。一方、兵法のフレームワークは2C（競合、自社）です。兵法には、顧客の視点は希薄です。あえて顧客を探すならば、自国の領民でしょう。しかし、君主に対する領民の影響力は弱いので、顧客を外して2Cと考えることができます。

　兵法には現代でも活かせる考え方が満載されています。孫子の兵法では「**戦わずして勝つが最上級**」だと説いています。現代に合わせて考えると、アライアンスやM＆Aが、戦わずして勝つにあてはまると言えます。競合との消耗戦を回避して、アライアンスやM＆Aによって、Win-Winの関係（お互いが勝者になれる関係）を構築できます。

2 勝ちやすさに勝つ

◆ 地の利のわからないところまで敵を深追いしない

　孫子の兵法では、**地の利がわかった場所で戦え**とあります。たとえば、侵略してきた敵国軍が自国領に逃げたとき、敵国に深追いして攻めると、思わぬ落とし穴で逆襲されることがある、と戒めています。地の利がわからない場所に攻め入ると、伏兵が隠れていて、一網打尽にされることも珍しくないからです。

　『三国志』の人気キャラクター諸葛孔明も、地の利をめぐる情報伝達が不十分だったため、大敗した例があります。諸葛孔明は、部下に陣頭指揮をすべて任せました。そのとき、陣頭指揮を任せた部下に1つだけ忠告をしました。今回の戦場では、山の上に陣を敷くなということです。しかし本来、戦場では山の上に陣を敷いたほうが、敵国の動きが見られるので有利です。そこで、部下は諸葛孔明の忠告を無視して、山の上に陣を敷きました。しかし、それは間違いでした。井戸水がない山だったため、水分の補給路が断たれてしまったのです。かくして水分補給が困難となった兵は、戦意喪失で大敗しました。「その山の上には井戸水がないから、山の上に陣を敷くな」と伝えていれば、このような誤ちは起きなかったでしょう。

◆ ドメインとコア・コンピタンスで勝ちやすさに勝つ

　地の利を知らないところで戦うなという教訓は、現代の経営戦略では、ドメインとコア・コンピタンスで考えることができます。自社の地の利がわかったドメインで戦うことで、思わぬ大敗を回避することができます。また、コア・コンピタンスで自社の強みを活かして戦えば、競争優位を確立することが容易です。

　山口くんと川田さんが関わった、インスタントラーメンと居酒屋チェ

ーンの新規事業は、イトー電器のドメインでもコア・コンピタンスでもなかったわけです。ドメイン以外で戦っても、思わぬリスクが潜んでいて、目論見がことごとく外れることが多いのです。

3 あらかじめの兵法

◆あらかじめの兵法―何事も「予」が肝心

　孫子の兵法に「あらかじめの兵法（予めの兵法）」があります。何事もあらかじめが肝心という意味です。「予」を使った漢字を探してみると数多くあり、日ごろから使っているものも多いのではないでしょうか。予定、予算、予防、予習、予行、予想、予期、予約などなど。孫子は2,500年前から、**あらかじめの重要性**を説いていました。

　反面、あらかじめの言葉に、悩まされる日々だったのかもしれません。予定どおりいかない、予算が足りない、予期せぬ出来事など、あらかじ

■あらかじめの兵法（予めの兵法）

予感　予断　予算　予防
予見　予約　予備　予習
予知　予測　予想　予行
予告　予言　予期　予託
予報　予定　予選　猶予

▶何ごとも「あらかじめ」が肝要である◀

めがうまくいかないために悩まされることは、当時から多かったはずです。

あらかじめの兵法では、戦うために十分な物資や兵力を調達することも説いています。十分な物資や兵力の準備なしに戦っても、負けるために戦うようなものです。「名将」は、戦いの前に十分な準備をしてから、戦いに出かけます。「迷将」は、不十分な物資や兵力と、戦略を持たないで部下を叱咤します。勝てない理由を、部下にやる気がないからだと思い込んでいます。

米国が戦争をする場合、通常3週間の準備期間が必要だと言われています。最短でも2週間の準備期間が必要です。確実に勝つための十分な物資や兵力の準備、そして戦略を立てるのです。経営の世界では「段取り八分」といいますが、軍事の世界でも戦いに備えた十分な準備が、勝敗に大きく影響してきます。

◆現代にもあらかじめが肝心—「先々の先」を考える

孫子は、先を考えるだけでは不十分で、先の先である先々、さらに**先々の先を考える**ことの重要性を説いています。現代の経営戦略にあてはめて考えると、先を短期（1年）、先々を中期（3年）、先々の先を長期（10年）と考えてみてはいかがでしょうか。

近年、さまざまな変化が早く、3年先などわからない、ましてや10年先など考えてもしかたがないという人がいます。しかし、変化が早いからこそ、近くを見ていただけでは変化のトレンド（傾向）を見失ってしまいます。

半導体業界の人がこう言っていました。

「変化が早すぎて、3年先が読めない。しかし、逆に10年先は読める」

3年先だと高い予測精度が求められるので、かえって難しいそうです。しかし10年先なら、大胆な予測ができるので、ある程度予測可能とのこ

とでした。そして、「10年先を予測して、それから3年先を逆算すれば、結果的に3年先が見えてきます」とも言っていました。

先々の先（10年後くらい）を考えることは、逆に先々（3年後くらい）を考えることでもあるようです。経営戦略において、長期戦略として10年ビジョンを描き、それから中期戦略として3年先の計算を策定する企業も増えています。

4　小が大に勝つ3つの戦法

◆局所優勢主義は現代の「選択と集中」に通ず

企業において、弱者（小さい兵力）が強者（大きい兵力）に勝つことは大きな関心事です。兵法においても小が大に勝つ戦法が研究され、実践されてきました。

小さい兵力が大兵力に勝つことができる合理的な戦法が3つあります。1つ目は、「勝負の要に兵力を集中させる」ことです。小が敵より決定的に劣勢であっても、決戦場において優勢となれば勝つことができるのです。そのためには、決戦場では、敵の兵力を集中させず、分散した状態を作ります。そして味方の全兵力を決戦場という一点に集中して、敵が致命傷になる重要部分を攻めるのです。

これは一点に集中し、一点を突破するというもので、ランチェスター戦略では「一点集中・一点突破」、兵法では**局所優勢主義**といいます。「寡（小）をもって衆（大）を破る」という基本戦法です。

女性たちがブランドを買うのも、「局所優勢主義」の一種かもしれません。限られた生活費をどう有意義に使うかを考えることは大切です。住まいや食べ物までも贅沢はできないけれど、小物やお化粧くらいは高級ブランドでリッチな気分になりたいというのも、現代風の局所優勢主義ではないでしょうか。

◆少数精鋭の質の充実で、量に勝つ

　小が大に勝つ２つ目の戦法は、小は「**少数精鋭**」で大に対抗することです。大兵は多数であることを過信して緊張に欠け、油断するきらいがあります。しかも命令が徹底されず、チームワークに欠け、動きが鈍く、小回りがきかないという欠点があります。これは大兵力に安住した結果、組織の危機管理が薄れていることを意味します。

　これに対して小兵力の組織は、結束力・機動力・闘争力などの「質」を充実させることで、大兵力の「量」を超えることができます。いわゆる「少数精鋭主義」です。大は大企業病に陥りやすい弱点があります。小の利点を活かした結束力・機動力・闘争力などの「質」を充実させることで、大に対抗することができます。

◆奇襲戦法は現代の差別化戦略

　小が大に勝つ３つ目の戦法は「**奇襲戦法**」です。質・量ともに劣っていても、決戦場において敵の最も重要なポイントを突けば勝つチャンスがあります。敵の不意を突く奇襲作戦です。

　経営戦略では、弱者が勝つための基本戦略として「差別化戦略」があります。市場から注目度が低い企業では、他社と同じようなことをしていたのでは注目されません。奇をてらって他社にない特徴ある商品を発売することで、弱者でも市場の注目を集めて人気商品に躍り出ることが可能になるのです。他社にとっては、そういった商品もあったのかと、不意を突かれた状態になります。

◆平均点主義を捨てよ

　「局所優勢主義」「少数精鋭主義」「奇襲戦法」の３つの戦法は、「小が大に勝つ」ための基本戦法です。逆に、こうした戦法で攻められる大兵は、欠点を補強して組織の危機管理（リスクマネジメント）を高めれば、

■小が大に勝つ３つの戦法

兵法		経営戦略	
局所優勢主義	勝負の要に兵力を集中させれば勝てる	選択と集中	限られた経営資源を成果につなげるためには、選択と集中が不可欠
少数精鋭	結束力、機動力、闘争心などの「質」を充実させることで、大兵の「量」を超えることができる	小回りがきく組織	チームワーク、スピードが大切経営理念で大義名分を明確化することで、社員の求心力を高める
奇襲戦法	敵の不意を突く陽動作戦（情報などで敵を攪乱）	差別化戦略	特徴ある製品を出すことで、意表を突いて市場の注目を集める

常勝の道を歩み、ますます強力になることが可能になります。

　戦略がない会社は、すべての分野で勝とうと考えます。すべての分野に注力して、それぞれが平均点以上になれたとしても、ナンバーワンにはなれません。平均点はよくなるが、何に強いのかという特徴が見えにくくなります。これを総合主義、ほかにも総花主義、平均点主義といいます。他社と同じで勝てた時代では、総合主義で勝てました。しかし近年消費者は、ちょっといいくらいでは購買意欲がわかなくなっています。

　総合主義をやめて、一点豪華主義でいきましょう。ある分野でナンバーワンとなり、特徴ある企業を目指します。一点豪華主義は、一種の差別化戦略です。それが消費者に認知される最低条件なのです。一点豪華主義であれば、小でも大に勝つことができます。

5　小組織の利点を活かして大組織を動かせ

◆小組織のメリット

　組織は大きくなると大企業病になりがちです。大きい組織になると、

どうしても動脈硬化的な状況が生じてくるのです。大組織が陥りやすい欠点は、「命令が徹底されにくい」「機敏な行動がとりにくい」「まとまりに欠ける」「内部対立や派閥闘争が生じ、懐疑心にとらわれやすい」「命令に従わない者や裏切る者が生じやすい」などがあります

　一方、小さい組織の利点は、大きい組織の欠点の裏返しです。つまり、「命令が徹底されやすい」「臨機応変な行動がとりやすい」「上下ともに一体感を持ちやすい」「逆心者はすぐにわかる」「死活を共にするために勇戦する」などです。大きい組織に求められるのは、小さい組織の利点を踏まえることです。小さい組織単位を作り、それをしっかりと組み合わせることです。

　どんな組織であっても、小さな組織をしっかりと作ることが不可欠です。その小組織を合体させて動かせば、強力な組織となります。

◆大組織でも小組織のように機動力を上げよ

　武田信玄は、三方ヶ原(みかたがはら)の合戦で、徳川家康を破って大勝しました。このとき信玄は、2万5,000の兵を動かして、1万の家康を相手にしました。信玄は大軍にもおごることなく、あたかも小部隊を動かすように機動的に大軍を指揮したといいます。

　信玄ははじめ、家康が攻撃しやすいように一列に進軍しました。家康が攻撃すると、すかさず魚のウロコのように密集した固い姿勢の「魚鱗(ぎょりん)」の陣形に変えました。2万5,000の兵の陣形を瞬時に変えられたのは、小部隊がそれぞれ訓練され、命令が徹底されていたからです。

　企業においても、チームワークがいい小組織を作り、小組織が経営方針とうまく連携して機動性高く動くことができれば、強い大組織になります。なお、言うまでもありませんが、いかに小組織が優秀でも、組織同士が反発し合って組織の壁を作っていたのでは、大組織になってもうまくいかないでしょう。

■小組織を指揮して大組織を動かす

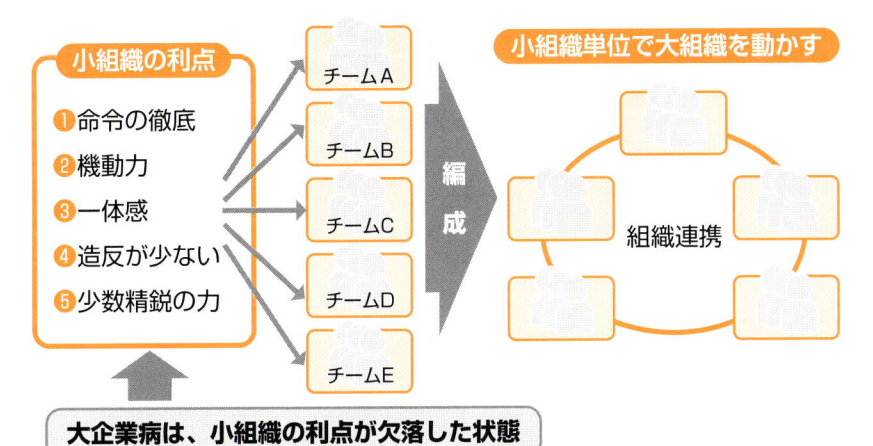

```
小組織の利点
❶ 命令の徹底
❷ 機動力
❸ 一体感
❹ 造反が少ない
❺ 少数精鋭の力
```

チームA / チームB / チームC / チームD / チームE → 編成 → 小組織単位で大組織を動かす（組織連携）

大企業病は、小組織の利点が欠落した状態

▶ 大組織でありながら、小組織の利点を兼ね備えている組織が強い
▶ ヨコの組織連携が悪いと、機動力が発揮できなくなる

6　負ける理由は我にあり、勝てる理由は敵にあり

◆負けるのは己を過信しているから─負けない会社を目指せ

　孫子は、「負けない理由は我にあり」「勝てる理由は敵の中にあり」と言っています。孫子は、負ける理由と勝つ理由を完全に分離しています。わたしたちは、勝とうとすることは考えますが、負けないようにすることは、案外無頓着です。

　負けるのは敵が強いからでありません。己（自分）の力を見失って、過信しているからです。攻撃は最大の防御、防御は最大の攻撃といいます。経営戦略にあてはめると、自社の強みと弱みをきちんと理解して、身の丈に合った経営を目指すべきだと示唆しています。

　勝つ経営よりも、「**負けない経営**」が重要な時代になりました。負けない経営とは、足腰が鍛えられた経営です。競合の攻めに対してふらつ

くような足腰では、負けない経営とはいえません。また、環境変化に対してきちんと対応策を実施し、経営環境の変化に適応していきたいものです。

　自社にとっての負けない経営とは何か、じっくり考えてみてはいかがでしょうか。自社の守りを見失って、勝つことばかりを考えているのでは、ちょっとしたミスで足下をすくわれてしまいます。

■勝ち負けを決めるもの

勝利するための5つの条件

1. 「戦うべき」と「戦うべきでない」とを、理解していれば勝つ
2. 兵の多いほうが勝つことを知って、用兵すれば勝つ
3. 部隊の上級も下級も、等しく戦意を持っていれば勝つ
4. 「備えある」をもって「備えなき」を待てば勝つ
5. 指揮官が有能であり、君主が余計な指図をしなければ勝つ

「負けない理由は我にあり」「勝てる理由は敵の中にあり」

負ける理由
- 負けるのは敵が強いからではない
- 己（自分）の力を見失って、過信しているから負ける
- 防御は最大の攻撃
- 自社の強みと弱みをきちんと理解し、身の丈に合った経営を目指すべき

勝てる理由
- 勝てる理由は自分の中ではなく、敵の中にある
- 勝とうと息巻くのではなく、敵が負けてくれるのをじっと待つ
- 勝つことばかり考えると、必要以上の攻めをして軍隊を疲弊させてしまう
- 敵を攪乱させ、自滅するのを待つ（調略）
- 敵の弱み、油断、隙などを突いて敵（競合）を動揺させ、効果的に攻める

◆勝とうと息巻くのではなく敵が負けてくれるのをじっと待つ

次に、勝てる理由は自分の中にあるのでなく、敵の中にあるといいます。勝とうと息巻くのではなく、敵が負けてくれるのをじっと待つのです。勝つことばかり考えると、必要以上の攻めをして軍隊を浪費させてしまいます。敵を攪乱させ、自滅するのを待つのです。

敵を攪乱させ、自滅するのを待つのも、勝つための条件です。戦国時代の毛利元就は、調略として、間者を敵国に放って、ウソの情報で敵を攪乱させました。敵を相対的に弱体化させることで、勝つチャンスをうかがっていたのです。敵の弱み、隙などを突いて敵（競合）を動揺させ、効果的に攻めることで、自軍（自社）の兵力の消耗を最小化できます。

敵からの攻撃をうまくかわすことも必要な戦略かもしれません。敵と真正面から戦うのではなく、敵の攻撃をかわすために何をすべきかを考えます。自社ブランドを強化することも、自分の土俵で戦い、敵への真正面からの戦いを回避する戦法といえます。

> **豆知識　敵を知り、己を知れば、百戦して殆うからず**
>
> 孫子の兵法は2C（競合、自社）であることを、孫子自ら説いています。「敵を知り、己を知れば、百戦して殆うからず」です。己を知れば50％勝てる、敵を知れば50％勝てる、両方知れば100％勝てる、敗れる心配は全くないと説いています。

> **ウラ技　負けない会社を目指せ**
>
> 何か新しいことに取り組むことは必要ですが、既存のビジネスをおろそかにしてまで新しいことに取り組むのは危険です。まずは既存のビジネスの経営基盤と信用を高め、負けない会社を目指す。それが己を知ることに通じます。

| フェーズ 1-4 | 「ランチェスター戦略」にも戦略の極意がいっぱい |

日本生まれの戦略理論で、「弱者」「強者」の戦い方を学ぶ

山口「先生、兵法の時代から現代までの間には何か戦略理論があるのですか？」

財前「軍事の戦略があります。兵法、軍事、そして経営へと戦略がつながっています。"戦略（strategy）"という概念自体は、19世紀の軍事評論家クラウゼヴィッツの著書『戦争論』により、広く知られるようになったそうです。軍事の研究から生まれた理論としては、ランチェスター戦略が有名ですね」

山口「ランチェスター戦略って、かっこいい名前ですね」

財前「イギリスの自動車・航空工学のエンジニアだったランチェスターという人が基礎理論を確立しました。米国の第一次世界大戦を研究して、数学理論としてランチェスターの法則を確立したのです。その後、日本の故田岡信夫先生によって、経営戦略理論として完成されたものが、ランチェスター戦略です」

山口「え〜っ、日本で完成された戦略なんですか」

財前「そう。その意味では、まさに日本人の誇りですね。戦略の本質的なものが豊富で、とても勉強になる。私も実は戦略の勉強は、ランチェスター戦略から入りました。当時は目からウロコが落ちた感じでしたね」

山口「先生にもそんな時代があったんですか」

財前「みんな最初は初心者です。でも本当に目からウロコが落ちたのです。コンタクトレンズが外れちゃってね」

川田「せんせ〜い。そのおやじギャグ、減点ですよ」

伊藤「川田さん、先生に対してなんてことを……」

財前「いえ、事務所ではおやじギャグだって、よく突っこまれていますから。というより、最近は無視されるようになりました」

山口「先生、そんなことより早く、ランチェスター戦略を勉強したいです！」

レクチャー 1-4 「ランチェスター戦略」から戦略の極意を知る

1 日本企業にマッチするランチェスター戦略

◆ランチェスターの法則

　ランチェスター戦略は、イギリスのF.W.ランチェスター（1868～1946年。イギリスの自動車・航空工学のエンジニア）が、空中戦争における戦闘機数と損害量を定量的に分析して、1つの法則を発見したことから始まります。これが「**ランチェスターの法則**」です。

　当時はOR（オペレーションズリサーチ）という分野の数学理論でした。なお、F.W.ランチェスターは、ガソリン自動車設計、製造、航空工学の分野で功績を残しました。

◆日本で完成されたランチェスター戦略

　その後、このランチェスター法則をマーケティング戦略に置き換えてまとめたものが「ランチェスター戦略」です。ランチェスター戦略は、日本の故田岡信夫氏（1927～1984年）によって完成されました。

　現代ではランチェスター戦略はもはや古典の分類に入りますが、その理論や定石には、現代の経営戦略論に通じるものが多くあります。たとえば、ランチェスター戦略における「一点集中・一点突破」は、現代の「選択と集中」に通じるものがあります。また、日本人の手で実践を踏まえながら完成された戦略なので、日本企業の風土に合った戦略と言えます。

2　強者の戦略と弱者の戦略

◆ゲリラ戦は弱者の戦略

　ランチェスター戦略では、戦略の考え方を2つに分け、第一法則を「弱者の戦略」、第二法則を「強者の戦略」としています。企業の多くは弱者（業界2位以下の企業）ですから、大半の企業は、第一法則の「弱者の戦略」が基本戦略となります。一方、マイクロソフトやインテルは、それぞれの業界で第1位の強者です。他の同業他社が、同じ事業領域で強者の戦略の真似をすると、必要以上に経営資源を消耗することになります。

　ランチェスター戦略の第一法則である、弱者の戦略をひとことで言うと「ゲリラ戦」です。ベトナムは、約20年間の戦いの末、大国米国に勝利しました。これはゲリラ戦の勝利の賜物と言われています。

　弱者の戦略は、5つの法則「局地戦」「一点集中」「一騎討ち」「接近戦」「陽動作戦」を基本原則として戦うことです。

　1つ目の**局地戦**は、市場を「限られた地域、限られた範囲」とします。範囲が狭いと経営資源を集中できるから、弱者でも有利に戦えます。

　2つ目は、**一点集中**です。ターゲットを決めて迷わずターゲットに一点集中します。一点であれば、弱者でも競合より経営資源を多く集中できます。

　3つ目は、**一騎討ち**です。1対1で腰を据えて、1つずつ確実に勝利する。投入した経営資源をこまめに回収しないと、経営資源（資金）が底を尽いてしまいます。

　4つ目は、**接近戦**です。相手（顧客や競合）に近づいて、顔を見ながら攻めます。近づくことで相手の動きがよく見え、的確な対策が実行できます。

　5つ目は、**陽動作戦**です。手の内を見せず、うその情報などで敵を揺

さぶります。手の内を見せないことで、神出鬼没の悩ましい競合相手になります。

◆物量作戦は強者の戦略

一方、強者の戦略（総合戦）は、「物量作戦」が基本です。強者の戦略は、弱者の戦略のすべて反対を基本原則として戦うことです。

1つ目の**広域戦**は、より多くの売上を確保するために、世界市場など広域な市場を相手にします。

2つ目の**総合戦**は、より多くの製品のラインナップを充実させて、すべての顧客や市場を相手にします。

■ランチェスターの基本法則

第一法則　弱者の戦略
弱者＝業界2位以下

基本戦略	概要
❶局地戦	限られた狭い場所で戦う
❷一点集中	標的を一点に集中させる
❸一騎討ち	1対1で戦う
❹接近戦	顧客に近いところで戦う
❺陽動作戦	敵を情報で揺さぶる神出鬼没

↓

ゲリラ戦

小さくても、1つずつ着実に勝つ
やみくもに資本を消耗させない

弱者は各駅停車に乗れ

第二法則　強者の戦略
強者＝業界１位

基本戦略	概要
❶広域戦	広い場所、広範囲で戦う
❷総合戦	あらゆる分野で総攻撃で戦う
❸確率戦	何人かに1人が買えばよい
❹遠隔戦	全国の代理店を本社で統括
❺正面突破	正々堂々と正攻法で攻める

↓

物量作戦

全方位で戦う
資本を武器にスピードで勝負

強者は特急に乗れ

3つ目の**確率戦**は、テレビCMなどを全国展開して、需要を刺激します。ヒット率が小さくても全国の売上を合計すれば売上規模は大きくなります。

4つ目の**遠隔戦**は、本社にマーケティング本部を構え、販売代理店を遠隔操作でコントロールします。広域の顧客に接近しようとすると多くの営業マンを必要とし、採算が合わないからです。

5つ目は**正面突破**です。正々堂々と、顧客や市場に目立つように行動します。かかってきなさいというスタンスで、正面で受けて立ちます。

強者の戦略は、莫大な先行投資が必要となることに留意しなければなりません。あくまで「確率戦」なので、確率が低い攻めをすると経営資源を浪費します。

弱者が強者の戦略をとると、資金が不足して勝敗が見える前に、資金不足で経営危機に陥ります。弱者は、強者の戦略をとってはいけないのです。

3 敵の弱みにつけこむ、弱い者いじめの法則

◆敵の弱いところに差別化で立ち向かえ

「敵のどこを攻めるか」は、重要な戦略目標の1つです。「自分より相対的に弱いところを攻める」ことが定石です。自分より強いところを攻めていても、返り討ちにあうか、消耗戦を強いられるかのどちらかになります。自分より相対的に弱いところを攻めることを、「**弱い者いじめの法則**」といいます。

第二次世界大戦で、米国は日本の弱点であるロジスティクス(物流、物資供給)を攻めました。フィリピンやマニラへの遠征で日本軍は長距離の物資輸送が必要になりました。物資輸送船は重いうえに戦闘力も弱く、簡単に沈んだと言われています。米国は、物資輸送船を攻撃するこ

とで、着実に日本の戦闘力をもぎ取りました。

　敵の弱いところを攻めることは、身近な問題にも応用できます。上司の弱みを知っていれば、怖い上司にも対抗する勇気がわいてきます。逆に自分自身については、部下に弱みを握られないよう留意しましょう。弱みを握られると、部下になめられてしまいます。

◆弱者は強者の死角をねらうニッチ戦略を基本とする

　照明器具（ライティング）業界では、松下電器が業界ナンバーワンの強者です。強者の松下電器は、フルラインナップで製品の品揃えを強化しています。業界2位以下の弱者が、松下電器と同じ戦略をとっていた

■相対的に敵の弱いところを攻めるのが定石

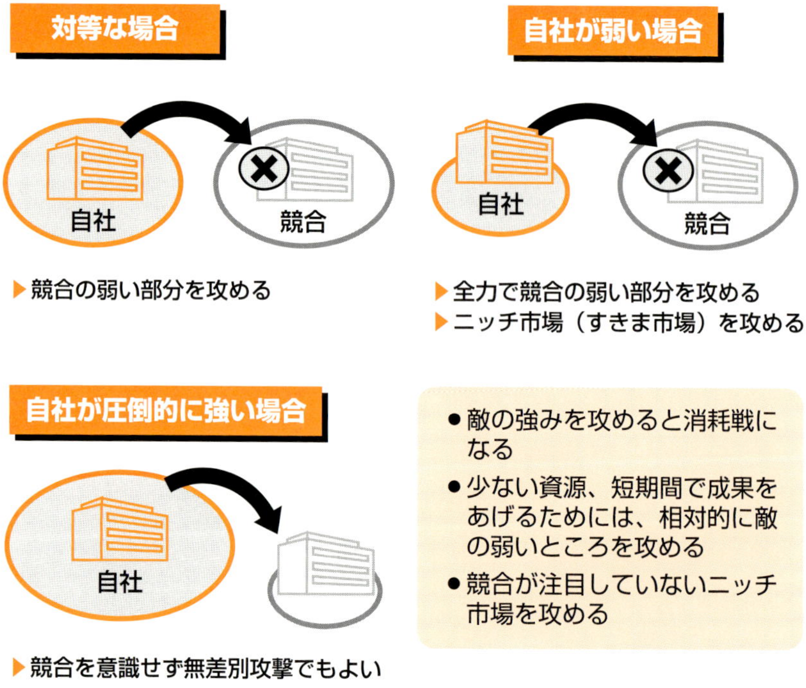

対等な場合
▶競合の弱い部分を攻める

自社が弱い場合
▶全力で競合の弱い部分を攻める
▶ニッチ市場（すきま市場）を攻める

自社が圧倒的に強い場合
▶競合を意識せず無差別攻撃でもよい

- 敵の強みを攻めると消耗戦になる
- 少ない資源、短期間で成果をあげるためには、相対的に敵の弱いところを攻める
- 競合が注目していないニッチ市場を攻める

のでは、売上が少ない分、品揃えコストがかかりすぎて思うように利益が出せません。

業界2位以下は、「超省エネ」を売りにして強者に対して差別化するとか、ある分野に専門特化して低価格の製品を実現するなどの戦略が不可欠になります。

4 一点集中・一点突破でナンバーワンを目指せ

◆**一点集中・一点突破は、現代の選択と集中に通じる**

経営戦略での選択と集中に相当するものを、ランチェスター戦略では「**一点集中・一点突破**」といいます。一点集中・一点突破でナンバーワンを目指すことを、ランチェスター戦略では「**ナンバーワン戦略**」といいます。

しかし、はじめからナンバーワンになることは無理でしょう。そこで、「いかにすればナンバーワンになるのか、そのために何をすべきか」を考えることが重要であることを、ランチェスター戦略では示唆しています。ナンバーワンを取りにいく分野を選択し、そこに経営資源を集中させ、ナンバーワンを勝ち取るのです。

◆**ナンバーワンになるために何をすべきか明確にする**

ナンバーワン戦略は、「商品ナンバーワン」「地域ナンバーワン」「顧客ナンバーワン」の3つのうちどれかに集中して、ナンバーワンを目指します。

「**商品ナンバーワン戦略**」は、特定の商品群でナンバーワンになることを目指します。たとえば、液晶テレビの市場全体でナンバーワンが無理であれば、液晶材料でナンバーワンになるというふうに限定します。限られた経営資源でナンバーワンを目指すのですから、身の丈に合った

ターゲットを選択します。

「**地域ナンバーワン戦略**」は、限定した地域で他社に圧勝し、ナンバーワンを目指します。たとえば営業拠点では、競合の営業所に対して「地域ナンバーワン」を目指します。全国の営業所が地域ナンバーワンになれば、全国でもナンバーワンになることが可能です。

「**顧客ナンバーワン戦略**」は、ある顧客の取引金額を、その顧客と取引がある同業他社に対して、ナンバーワンのシェアにすることを意味しています。たとえば、顧客A社の電子部品の仕入先別実績において、自社がナンバーワンのシェアを占めることで、顧客への影響力を強めることができます。その結果、顧客にはなくてはならない会社になり、密接な取引関係が維持できるのです。

このように、限定部分でもいいからナンバーワンを目指すことで、市場の主導権を握ることが可能になるのです。

5　グー・パー・チョキ理論で事業を発展させる

◆グー・パー・チョキ理論で事業を広げる

グー・パー・チョキ理論とは、グー・パー・チョキの順番に商品を改廃（新規・改良・廃止などを適宜実施）することで、利益の出る商品構成を維持することを目指します。

「グー」で、まず1つの商品に徹底して経営資源を投入して利益を出します。最初はあれこれ大風呂敷を広げて欲張らないことが肝要です。一点集中・一点突破の考え方と同じです。

次に1つの商品でうまくいったら、「パー」で手を広げて多商品化を図ります。商品のラインナップを充実させるのです。たとえば、色やサイズの違いなどの商品ラインナップ拡充、あるいは周辺機器の充実などを目指します。

しかし、しばらくすると利益が出る商品と売れなくて利益が出ない商品とに明暗が分かれてきます。そこで、パーの後は「チョキ」をするのです。チョキとは、カット、切り捨てるという意味です。パーで多商品化した後は、チョキで不採算商品はカットして、採算のよい商品だけを残します。

そして、さらなる新分野での差別化商品の開発を目指して、グー・パー・チョキを繰り返していくのです。

◆チョキの有効性と限界

日本企業の多くは、「チョキ」(アイテムカット＝ある商品の生産や販売からの撤退)ができないと言われています。その結果、多品種少量生産の悪循環から抜け出せないのです。品種数が増えると、生産時の品種切り替えロスのほか、在庫費用や管理費用などが増加します。売上を切り捨てても、品種数を減らしたほうが収益向上を図ることができるのです。不採算商品をカットしなければ、新しい商品を生み出す余力も得ら

■事業発展のグー・パー・チョキ理論

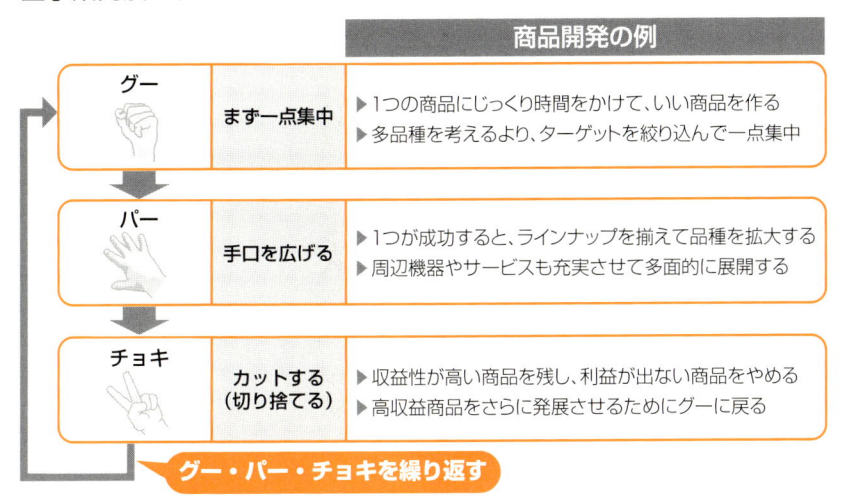

		商品開発の例
グー	まずー点集中	▶1つの商品にじっくり時間をかけて、いい商品を作る ▶多品種を考えるより、ターゲットを絞り込んで一点集中
パー	手口を広げる	▶1つが成功すると、ラインナップを揃えて品種を拡大する ▶周辺機器やサービスも充実させて多面的に展開する
チョキ	カットする（切り捨てる）	▶収益性が高い商品を残し、利益が出ない商品をやめる ▶高収益商品をさらに発展させるためにグーに戻る

グー・パー・チョキを繰り返す

れません。

　たとえばある食品会社では、売れば売るほど赤字の商品がありました。その商品の生産・販売をやめると、売上が下がるので生産中止をする意思決定ができなかったのです。しかしその後、戦略を理解した人が社長になり、思い切って赤字商品から撤退しました。その会社は、売上は減らしましたが「減収増益」となり、慢性的な赤字体質から脱却できました。

　思い切ったチョキが必要ですが、チョキだけでは売上が下がっていきます。新しい分野を切り開くことが必要です。そこで新しい分野で、さらにグー・パー・チョキ理論を繰り返すのです。

　ランチェスター戦略は、戦略の定石の宝庫です。戦略的に考える習慣を身につけるための第一歩として、ランチェスター戦略がおすすめです。

豆知識　三一（さんいち）の法則＝袋だたきの法則

　経営資源の集中の法則に、敵より3倍の資源投入をする「三一の法則」があります。競合に対して3倍の経営資源を、勝ちたい領域に集中して投入すれば、いくら手強い競合相手でもかなわないという法則です。なお、三一の法則は別名、「袋だたきの法則」とも呼ばれています。

豆知識　強者は特急に乗れ、弱者は各駅停車に乗れ

　弱者の戦略は「小さくてもいいから確実に勝て」ですが、「弱者は各駅停車に乗れ」という定石もあります。弱者は急がず、着実に市場を拡大することが重要であると説いています。むやみに遠征をしないで、近くで一歩ずつ地道に市場を開拓せよという意味です。

　一方、強者は特急に乗って、全国制覇を目指せと説いています。急いで市場拡大することで、競合より一歩先に市場制覇を目指します。強者は知名度も高く、資金力が豊富なので、一気の市場制覇も可能なのです。

column
1 **2眼レフ構造で相乗効果をねらえ**

　1つあるより、2つあるほうが相乗効果を出せます。これをランチェスター戦略では「2眼レフ構造」といいます。

　5年ほど前、日立は業界に先駆けてミニDVDのビデオカメラを発売しました。大量の広告費を投入しましたが、ほとんど市場からは注目されませんでした。

　それから2年以上たって、ソニーがDVDハンディカムを発売しました。すると市場では、ミニDVDの存在が一気に認知されるようになりました。その結果、今まで売れなかった日立の製品も飛ぶように売れ始めたとか。

　競合が存在するのは目障りかもしれません。しかし、競合がいるからその市場は活性化しているとも考えられます。競合を邪魔な存在だと考えるより、どうすれば競争相手をシナジー（相乗効果）として活用できるかを考えるのも一案でしょう。

■2眼レフ構造

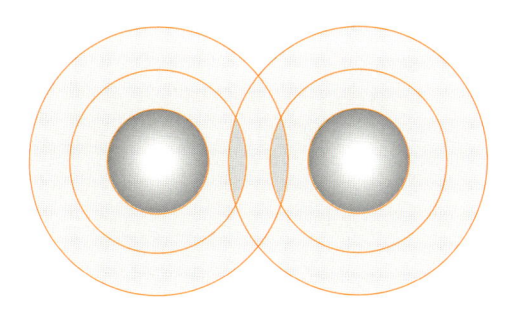

2点あれば相乗効果

第2章

戦略分析による経営戦略策定のヒント探し

本章のストーリー
フェーズ 2-1／戦略分析で共通の現状認識からスタートする
フェーズ 2-2／社外で起きていることに目を向けよう
フェーズ 2-3／社内に目を向けて己を知ろう

本章で学ぶこと
レクチャー 2-1／簡易分析としてのＳＷＯＴ分析を活用しよう
レクチャー 2-2／イトー電器の外部環境分析
レクチャー 2-3／イトー電器の自社分析をしよう（内部環境分析）

本章のあらすじ────*the 0utline of Chapter 2*

　勉強会が一通り終わって、経営戦略立案への第一歩を踏み出すことになりました。あいにく伊藤室長と川田さんは所用で外出し、今日は財前先生が山口くんに個人レクチャー。もちろん、今回の内容は山口くんが講師となって後日、室長と川田さんにレクチャーしなければいけません。どうやら、プレッシャーをかけることで山口くんの成長を促そうという伊藤室長と財前先生の事前打ち合わせがあったようです。そんなことを知らない山口くんは、マン・ツー・マンで財前先生に絞られることとなります。

　最も簡単な戦略分析法である「ＳＷＯＴ分析」の説明に続き、財前先生が市場分析の重要性を強調すると、「先生、片っ端から調べましょう」と山口くんが俄然、やる気を見せました。徐々に山口くんは、戦略分析の奥深さに引き込まれていきます。

フェーズ 2－1 　戦略分析で共通の現状認識からスタートする

必要な情報を共有化し、
ＳＷＯＴ法でまず全体を把握

――2人きりのミーティングルーム。緊張気味の山口くん――

財前「伊藤室長から聞いているでしょうが、今日のレクチャー内容も君から室長や川田さんにちゃんと教えてください」

山口「はい。先生、念のためICレコーダを回していいですか」

財前「前にも言いましたが、しっかり頭に入れておくのが一番です。これから戦略分析で忙しくなって、のんびりICレコーダを再生している時間もなくなると思いますよ」

山口「わかりました。ICレコーダは保険ということにして、気合いを入れて受講させていただきます」

財前「伊藤室長と社長との打ち合わせで、まずは必要な情報収集をし、経営戦略立案には役員を集めて大々的に合宿をやることにしました」

山口「役員参加の合宿ですか、本格的になってきましたね」

財前「合宿の成功は、山口くんたちの情報収集にかかっていますよ。戦略立案のための情報収集なので『戦略分析』と呼びましょう」

山口「先生、気になる点が1つだけあるのですが」

財前「山口くんに心配事は似合いませんね。いったい何を気にしているのですか？」

山口「うちの役員には、知ったかぶりがいます。『そんなの調べなくてもわかっている』が口癖なんです。現状分析と聞くと、『ムダだ！』と決めつけると思いますよ」

財前「では、その役員にすぐ会わせてください。調べなくてもわかっているというなら、私からいくつか質問してみましょう。たとえば『過去5年間の事業別の売上利益を正確に答えてください』とか、競合他社に対する質問などをしてみます。すべての質問にスラスラ回答できたら、その方の言い分も認めましょう」

――財前先生が、口うるさい役員に面談して戻ってきた――

財前「いやあ、おもしろかった。私の質問に、何も答えられなかったよ。『どうして、そんなに質問するのか』と聞かれたから、『会社の生き字引だと伺ったものですから』と言いました。そうしたら、『もう年で記憶力が衰えてきた』と弱気になっていましたよ」

山口「安心しました。では、戦略分析に専念します」

財前「山口くん、ここからは文書化することが重要です。同じ情報を確認することによって、同じ土俵でディスカッションすることができる。現状認識がバラバラだと、何かアイデアを出しても、誰かが反対する。反対理由を聞いてみると、現状認識の違いによるものが多いのです。認識違いの誤解を解くと、納得してもらえる。しかし、アイデアを出すたびにいちいち説明していたら、話は進みません」

山口「先生、ほんとうは役員たちが、戦略分析をしたほうがよかったりして……」

財前「そのとおりです。しかし、そこまで強要できないし、頭の固くなりかけた役員たちでは現状打破するような画期的なヒントは生まれにくいでしょう。先入観が強すぎて、新しい発見に目がいかないんです。ここは、若い山口くんたちが、新鮮な目で情報収集してください」

山口「わかりました！」

財前「お、いい返事ですね。じゃあ、まずは戦略分析の最も簡単なものからやってみましょうか」

レクチャー 2–1 簡易分析としてのSWOT分析を活用しよう

1 簡易版の戦略分析としてのSWOT分析―全体を把握する

◆社内を強みと弱み、社外を機会と脅威でとらえる

　問題意識を共有化することが前向きな議論の第一歩です。問題意識がバラバラだと、何を提案しても関係者を納得させることができません。たとえば、情報セキュリティをもっと強化すべきだと提案しても、情報セキュリティの重要性を認知していない人には賛同されないでしょう。

　経営戦略を策定する準備として、戦略分析が必要です。戦略分析をすることで、視野を広げ、戦略策定に必要なヒントが手に入ります。

　戦略分析で最も手軽でシンプルなのは「SWOT（スウォット）分析」です。**SWOT分析は、社外における「機会」と「脅威」、自社内における「強み」と「弱み」で分析します。**

　社外は、顧客や競合に加え、経済動向などのマクロ環境の視点で分析します。自社に無関係の一般論を並べても意味がありません。自社に関係する重要な機会と脅威を把握します。外部環境は変化するので、現在の視点だけでなく、3年先までの変化を想定することが肝要です。

　自社内は強み・弱みで分析します。己を知ることは、負けない会社になるために不可欠です。自社の強みからコア・コンピタンスを探し出すことも効果的です。弱みについても冷静に自己認識しておくことが重要です。

　イトー電器のSWOT分析をしてみました。機会では、BRICs（ブラジル、ロシア、インド、中国の新興市場）の市場拡大、ユビキタス社会（いつでもどこでも情報が手に入る社会）、消費傾向の二極化などがあげ

られました。

脅威では、世界市場での競争激化、家電リサイクル法の導入、携帯電話が成熟期になることなどがあげられました。

強みでは、小型化技術に強い、ロボット制御の最先端技術の開発、掃除機市場ではトップシェアなどがあげられました。弱みでは、海外市場での出遅れ、中国工場の品質問題、戦略的な弱さが顕在化していることなどがあげられました。

ＳＷＯＴ分析の極意は、「**機会を活かして脅威を克服する**」ことにあります。また、もう１つのＳＷＯＴ分析の極意は、「**強みを活かして弱みを克服する**」ことにあります。

ＳＷＯＴ分析を使って現状を客観的に認識することから、現状打破の前向きな議論が始まります。そのためにまず、機会と脅威に企業の関係者が気づくことが出発点になります。そして、機会を活かして脅威を克服するための施策に知恵を出し合えばいいのです。

■イトー電器のＳＷＯＴ分析

機会（O） Opportunities	脅威（T） Threats
● BRICs市場の拡大 ● ユビキタス社会の進展 ● 消費傾向の二極化（高くても売れる） ● １人１台のパーソナル化の推進 ● 地上波デジタル、ワンセグ放送 ● デジタル家電の普及 ● ネット家電の拡大 ● きれい好きの日本人	● 世界市場での競争激化 ● 国内家電量販店の強い販売力 ● 新製品発売後の急速な価格の下落 ● 家電リサイクル法の導入 ● 携帯電話が成熟期（新規事業ニーズ大） ● 二番手商法の限界 ● 内部告発による社会問題化
強み（S） Strengths	**弱み（W）** Weaknesses
● 小型化技術に強い ● 電子制御技術 ● ロボット制御の最先端技術の開発 ● 掃除機市場ではトップシェア ● 株式上場で資金調達力が高い ● 若手社員への権限委譲が積極的	● 海外市場への出遅れ感がある ● 国内系列販売代理店の弱体化 ● 分社化のしすぎで本社の求心力が低下 ● 数多くの新規事業における失敗 ● 戦略的な弱さが顕在化

◆SWOT分析からヒントを見つける方法

　SWOT分析から、経営課題（経営戦略のヒント）を見つける方法を考えてみましょう。

　1つ目は、強みを活かしてチャンスをつかめないかを考えます。強みの中のコア・コンピタンスを活かせば、新商品開発や自社の差別化戦略が容易になります。

　2つ目は、強みを機会にぶつけて、新しい活路を見出すことです。たとえば、ネット家電の普及が機会としてあれば、自社の電子制御技術で新しい商品開発や新規事業開発の成功率を高めることができるでしょう。

　3つ目は、強みを脅威にぶつけていくことです。自社にとって、一見脅威であっても、自社の強みを活かしていけば機会に転化することも可能です。

　4つ目は、弱みを思い切って強みに転化することを決意します。弱み

■SWOT分析の活用法

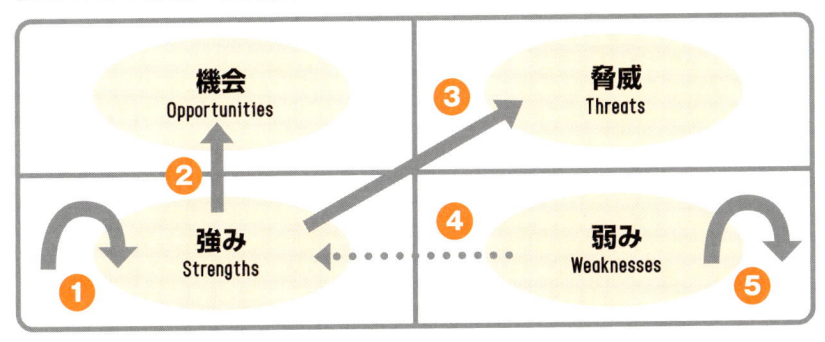

❶ 強みをさらに活かしてチャンスをつかむ
❷ 強みを機会にぶつけて、新しい活路を見出す
❸ 強みを脅威にぶつけて、脅威を機会に転化して活路を見出す
❹ 弱みを克服して、強みに転化するチャンスをうかがう
❺ 弱みを放棄して、強みの強化に資源配分する

を放棄することで、決定的にダメージがあるのであれば、改革レベルの覚悟を持って、弱みを克服することも効果的です。

5つ目は、弱みを放棄することです。弱みを克服するには、相当の時間と経営資源の投入が必要になります。思い切って弱みを放棄し、強みの強化に経営資源を配分するのも一案です。

2　クロスSWOT分析から経営課題を抽出する

◆クロスSWOT分析の作成方法

　機会、脅威、強み、弱みを使ってクロス分析する**クロスSWOT分析**が便利です。イトー電器のクロスSWOT分析を作成してみました。「強み×機会」「強み×脅威」「弱み×機会」「弱み×脅威」を組み合わせて、戦略上の課題をビジネスチャンスとして抽出します。

　たとえば、強みの「掃除機市場ではトップシェア」と「ロボット制御の最先端技術の開発」に、機会の「きれい好きの日本人」を組み合わせて、「掃除ロボットの開発」という課題を抽出します。

　SWOT分析、クロスSWOT分析は、簡易版の戦略分析でありながら、企業内外の全体像を把握する便利な分析手法です。関係者が集まって集中討議すれば、SWOT分析で1時間、クロスSWOT分析で2時間くらいあれば作成できます。

> **豆知識　SWOT分析は網羅性が高い**
>
> 　社内外を広い視野で概観するにはSWOT分析が優れています。広く浅くで、深さには限界があります。しかし、短時間で問題意識を共有化するにはおすすめの手法です。もっと詳しく戦略分析したい場合は、次項の詳細分析をご参照ください。

ウラ技 機会と脅威は3年先までの予測を立てる

> 機会と脅威は、3年先までの予測を積極的に入れます。予測が外れることは、気にしなくてかまいません。予測が外れたとしても、毎年戦略を見直すので、そのときに修正が可能です。

■クロスSWOT分析により経営課題を抽出

社外 (顧客、市場、競合、マクロ環境) 社内 (自社)	O:機会 ○BRICs市場の拡大 ○ユビキタス社会の進展 ○消費傾向の二極化(高くても売れる) ○1人1台のパーソナル化の推進 ○地上波デジタル、ワンセグ放送 ○デジタル家電の普及 ○ネット家電の拡大 ○きれい好きの日本人	T:脅威 ○世界市場での競争激化 ○国内家電量販店の強い販売力 ○新製品発売後の急速な価格の下落 ○家電リサイクル法の導入 ○携帯電話が成熟期(新規事業ニーズ大) ○二番手商法の限界 ○内部告発による社会問題化
S:強み ○小型化技術に強い ○電子制御技術 ○ロボット制御の最先端技術の開発 ○掃除機市場ではトップシェア ○株式上場で資金調達力が高い ○若手社員への権限委譲が積極的	**課題:S×O** ○掃除機のアジア市場への拡大 ○パーソナルロボットの開発 ○掃除ロボットの開発 ○高級デジタル家電事業の立ち上げ ○超小型ワンセグモバイルの開発 ○若手社員のプロジェクトへの参画	**課題:S×T** ○海外生産の生産技術力向上 ○海外企業の買収による海外強化 ○世界同時立ち上げ生産による市場投入 ○家電リサイクル法への早期対応 ○携帯電話に代わる新たな事業の柱が必要 ○社内情報セキュリティの向上 ○コンプライアンス意識の向上
W:弱み ○海外市場への出遅れ感がある ○国内系列販売代理店の弱体化 ○分社化のしすぎで本社の求心力が低下 ○数多くの新規事業における失敗 ○戦略的な弱さが顕在化	**課題:W×O** ○海外市場の強化 ○国内系列販売代理店のリストラ ○グループ経営の強化 ○新規事業の戦略見直し ○経営戦略の再構築	**課題:W×T** ○海外戦略の再構築 ○既存事業の選択と集中

| フェーズ２−２ | 社外で起きていることに目を向けよう |

「３Ｃ＋マクロ環境分析」で外部環境を詳しく探る

――ＳＷＯＴ分析をやり終わった山口くん――

山口「先生、ＳＷＯＴ分析って簡単ですね。でも単純すぎませんか？」

財前「１～２時間で全体を把握するにはとても便利です」

山口「もっと深く分析する方法があるんですか？」

財前「当たり前です、これからが本番ですよ」

山口「やっぱり……。覚悟しておきます」

財前「戦略分析は、３Ｃ（顧客・競合・自社）に、マクロ環境分析を加えればいいのです」

山口「えっ、３Ｃだけではダメなんですか？」

財前「戦略を考えるときには３Ｃでいいですが、情報収集のためには、マクロ環境についても把握する必要があるんです」

山口「そのマクロ環境とは何ですか？」

財前「国が決めた法規制、環境などに関する世論の動き、為替や各国の経済動向などを指します。マクロ環境は、３Ｃを取り巻く外部環境ということができますね」

山口「ＳＷＯＴ分析では、大きく社外と社内に分けましたが」

財前「ＳＷＯＴ分析の社外を『外部環境分析』として、顧客・競合・マクロ環境でとらえればいい。『内部環境分析』としては、自社内を調べればいいわけです」

山口「わかりました。しかし、市場という切り口はないのですか？」

財前「いいところに気がつきましたね。市場分析は、マクロ環境の１つとしてとらえるといい。市場分析は重要だから、少し時間をかけるといいですね」

山口「先生、やる気が出てきました。片っ端から調べましょう」

財前「何を調べるか、どうやってまとめるかを先に考えないと、調べてもキリがありませんよ。これからいろいろ教えるから、あせらず着実に進めましょう」

山口「すみません。猪突猛進的なタイプですから」
財前「それはもう十分に理解していますよ。猪突猛進でなければ、イトー電器でインスタントラーメンなんかやらないでしょうし。許可した経営者も魔がさしたのでしょうか」
山口「あちゃ～！　先生、またグサッと胸にトゲが刺さりました」
財前「そうですか。君もそろそろ私の皮肉くらい聞き流せるようにならないといけませんね」

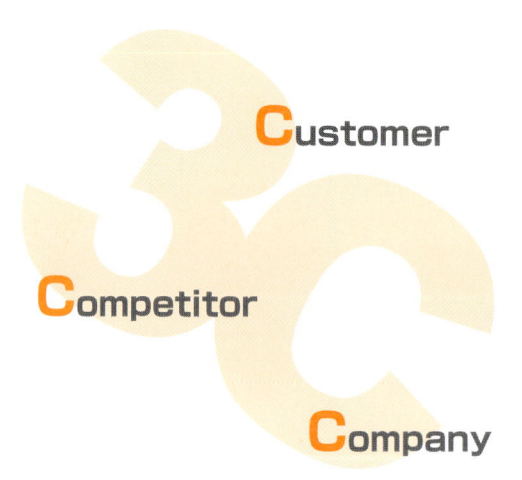

Customer

Competitor

Company

レクチャー 2-2 イトー電器の外部環境分析

1 戦略分析のフレームワーク

◆戦略分析のフレームワークは「3C＋マクロ環境分析」

　SWOT分析では物足りない場合、分析対象をより明確にして情報収集します。戦略のフレームワークは3Cなので、3C（顧客・競合・自社）の視点で戦略分析するとまとまりやすくなります。なお、戦略分析では、外部環境の変化を総合的に把握することが必要なため、3Cに加えて、マクロ環境分析を加えます。

　戦略分析のフレームワークは、「**3C＋マクロ環境分析**」と覚えておきましょう。3C＋マクロ環境分析は、社内と社外の大きく2つに分けることで、**外部環境分析＋内部環境分析**に再分類することができます。

■戦略分析のフレームワーク

外部環境分析

マクロ環境分析	顧客分析	競合分析
●機会、脅威の分析	●市場分析 ●顧客分析	●強み・弱みの分析

自社分析
- 強み・弱みの分析
- 多角化分析
- 成功・失敗分析
- 販売チャネル分析
- 財務分析

内部環境分析

◆外部環境分析と内部環境分析

　外部環境分析は、マクロ環境分析＋顧客分析＋競合分析に分けられます。そして内部環境分析は自社分析です。

　外部環境分析の1つ目は、マクロ環境分析です。社外の機会と脅威をとらえることで、経営課題のヒントが見つかるでしょう。2つ目は顧客分析です。顧客分析には、顧客ニーズなどの分析のほか、市場分析を含めることがおすすめです。3つ目は競合分析です。競合の強み・弱みの分析で、客観的に観察してみましょう。

　内部環境分析では、自社分析を行います。自社の強み・弱みの分析、多角化分析、成功・失敗分析、販売チャネル分析などは、経営課題のヒント探しに役立つでしょう。

2　マクロ環境分析

◆イトー電器のマクロ環境分析

　それでは、山口くんと川田さんに作成してもらった資料を見ていきましょう。まず、イトー電器の**マクロ環境分析**です。記入フォーマットを作成しました。横軸は、「切り口」「機会」「脅威」「経営課題のヒント」の項目をとります。縦軸には、マクロ環境分析の切り口（分析の視点）として、「1．経済環境」「2．国際環境」「3．消費動向」「4．法規制」「5．技術環境」「6．世論」「7．その他環境」の項目をとりました。

　先にフォーマットを作成しておくと、手分けして情報収集することが可能です。たとえば、フォーマットを事前に関係者に配付しておいて、事前に記入してきてもらいます。ゼロから議論するより、打ち合わせの時間を短縮できます。

　マクロ環境分析の機会では、国内景気指標の向上、都市部の土地価格の上昇、規制緩和、団塊世代の大量定年による多額の退職金支払いなど

をあげてみました。脅威では、環境コストの増加、地球温暖化、コンプライアンス経営の要請などをあげてみました。

■**イトー電器のマクロ環境分析**

切り口	機会	脅威	経営課題のヒント
1.経済環境	○国内景気指標の向上 ○都市部の土地価格上昇 ○金融機関不良債権問題解消	○環境コストの増加 ○公定歩合の上昇傾向 ○中国企業による価格破壊	○環境家電の開発 ○遊休資産の売却 ○借入金圧縮
2.国際環境	○BRICs市場の拡大 ○ユーロ通貨高 ○石油価格上昇の一服	○国際情勢の不透明感 ○地球温暖化問題 ○中国政府の影響力大	○BRICsへの海外戦略策定 ○テロ危険地域への進出中止 ○環境問題への取組み
3.消費動向	○消費動向の二極化 ○ユビキタス社会、モバイル化 ○省エネ、省資源、省廃棄物	○デフレ経済の長期化 ○短期間で終わるブーム ○白物家電の売価急落	○価格戦略の見直し ○長期間販売できる商品の開発 ○家電の新しい付加価値創造
4.法規制	○規制緩和 ○環境対策に対する補助金制度	○個人情報保護法案 ○環境物質規制の強化	○個人情報への対応強化 ○環境規制を機会に転化する
5.技術環境	○薄型テレビの技術進歩 ○有機EL、電子ペーパー技術 ○システムLSIの加速	○技術開発の経費増加傾向 ○海外企業の特許侵害 ○デファクト・スタンダード競争	○技術開発のコスト削減 ○特許戦略の強化 ○システムLSI事業の強化
6.世論	○クチコミによるヒット商品 ○マスコミの影響力大	○企業の不祥事への厳しい目 ○コンプライアンス経営の要請	○環境貢献へのアピール ○クチコミ、マスコミ活用
7.その他環境	○団塊世代の大量定年による多額の退職金支払い	○業界再編	○団塊の世代向け商品の開発 ○株価維持による買収防衛

◆マクロ環境分析から経営課題を抽出する

　戦略分析の目的は、現状認識だけでなく、経営課題のヒント探しにあります。マクロ環境分析から経営課題のヒントを抽出してみましょう。

　1項目の経済環境からは、環境家電の開発、遊休資産の売却、借入金圧縮のヒントをメモしました。2項目の国際環境では、BRICsへの海外戦略策定、テロ危険地域への進出中止、環境問題への取組みをメモしました。3項目の消費動向では、価格戦略の見直し、長期間販売できる商品の開発、家電の新しい付加価値創造をメモしました。

　4項目の法規制では、個人情報への対応強化、環境規制を機会に転化をメモしました。5項目の技術環境では、技術開発のコスト削減、特許戦略の強化、システムＬＳＩ事業の強化をメモしました。6項目の世論では、環境貢献へのアピールとクチコミ、マスコミ活用をメモしました。7項目のその他環境では、団塊の世代向け商品の開発、株価維持による買収防衛をメモしました。これらの経営課題のヒントは、戦略策定時のヒントに用います。

3　顧客分析に市場分析を加える

◆市場分析から経営課題を抽出する

　顧客分析だけでは市場全体の動向を見失うリスクがあります。そこで市場分析と顧客分析を行います。

　まず**市場分析**では、フォーマットとして、横軸に「切り口」「機会」「脅威」「経営課題のヒント」の項目をとります。縦軸の切り口には、自社が持つ市場を列記するのがおすすめです。イトー電器の例では、掃除機などの日常家電、冷蔵庫などの白物家電、薄型テレビなどのデジタル家電などを入れてみました。

　市場分析の機会として、日本人のきれい好き、健康にお金をかける傾

向、薄型テレビの人気上昇、地上波デジタルへの移行などをあげてみました。脅威では、高級機種の価格が頭打ち、量販店からの値下げ圧力、リサイクル問題の浮上などをあげてみました。

経営課題のヒントとして、掃除機の概念を越えた商品開発、健康家電のコンセプト策定、リサイクル対応の設計改善などをあげてみました。

◆顧客分析から経営課題を抽出する

次に、**顧客分析**のフォーマットを考えてみましょう。横軸は、「切り口」「現在」「将来（3年後）」「経営課題のヒント」を項目としました。縦軸の切り口は、「ライフスタイル」「機能ニーズ」「その他ニーズ」に分けてみました。切り口の分類は、必要に応じて工夫してください。

■市場分析と顧客分析
◎市場分析

切り口	機会	脅威	経営課題のヒント
日常家電 （掃除機など）	○日本人のきれい好き ○小型で高機能を求める	○高級機種の価格が頭打ち	○掃除機の概念を越えた商品開発
白物家電 （冷蔵庫など）	○健康にお金をかける傾向 ○小型で大容量の冷蔵庫ニーズ	○量販店からの値下げ圧力 ○韓国・中国製品の低価格品	○健康家電のコンセプト策定 ○冷蔵庫の小型・大容量化
デジタル家電 （テレビなど）	○薄型テレビの人気上昇 ○地上波デジタルへの移行 ○新築ブームによる買い換え増	○急速な価格下落 ○材料費の上昇傾向 ○リサイクル問題の浮上	○長期視点でのコスト低減対策 ○世界的低コストでの材料調達 ○リサイクル対応の設計改善

◎顧客分析

切り口	現在	将来（3年後）	経営課題のヒント
ライフスタイル	○高齢者のマンション転居増加 ○余暇の時間を重視 ○生活がコンビニ化	○マンション暮らしの更なる増加 ○余暇時間を楽しく過ごしたい ○生活コンビニ化の加速	○マンション専用の家電開発 ○余暇時間を楽しむ家電製品の開発 ○家電のコンビニ店
機能ニーズ	○簡単・キレイ・手間いらず ○高機能で操作がシンプル	○家事洗濯の簡素化ニーズ大 ○ワンタッチ、マニュアルレス	○家事洗濯の簡素化 ○ワンタッチ、マニュアルレス
その他ニーズ	○家電のコモディティ化 ○大型薄型テレビへのあこがれ	○家電のブランド化（所有することに喜びを感じる）	○低価格競争からブランド競争への転換

顧客分析の現在では、高齢者のマンション転居増加、余暇の時間を重視、生活がコンビニ化などをあげてみました。将来の予測として、家事洗濯の簡素化ニーズ大、ワンタッチ、マニュアルレス、家電のブランド化（所有することに喜びを感じる）などをあげてみました。

　経営課題のヒントとして、マンション専用の家電開発（ビルトイン型）、余暇時間を楽しむ家電開発、家電のコンビニ店、家事洗濯の簡素化、ワンタッチ、マニュアルレス製品開発、低価格競争からブランド競争への転換などをあげてみました。

4　競合分析

◆競合の強みと弱みの分析をする

　イトー電器の競合を1社選定し、**競合分析**を行いました。選定した競合は、イトー電器が一目置いている優良企業のサトー電器です。

　競合分析のフォーマットとして、横軸に、「切り口」「強み・弱み」「経営課題のヒント」としました。縦軸の切り口は、機能別（業務の専門分野による分類）を意識して分類しました。全社戦略、商品戦略、販売戦略、生産戦略、技術戦略、財務戦略、海外戦略を切り口にしました。

　競合の強み・弱みの分析を見てみましょう。全社戦略では、本業重視で収益力が高い、海外戦略の積極的展開、経常利益率5％以上（直近3年間）をあげました。商品戦略では、デジタル家電でシェア拡大、洗濯機の乾燥機能の強化で売れ行き好調をあげました。その他の戦略では、ネット直販のホームページ好調、世界同時生産立ち上げ体制の確立、コア技術への先行投資、海外販売拠点のネットワーク拡大、欧州企業2社と販売提携などが顕著でした。

■競合分析（競合サトー電器の分析）

切り口	強み・弱み	経営課題のヒント
全社戦略	○本業重視で収益力が高い ○海外戦略の積極的展開 ○経常利益率5％以上(直近3年間)	○自社(イトー電器)は総花主義的 ○当社の海外戦略の遅れが目立つ ○経常利益率1％(直近3年間)
商品戦略	○デジタル家電でシェア拡大 ○洗濯機の乾燥機能の強化で売れ行き好調	○自社の得意分野、成長分野の開拓 ○自社のオンリーワン商品の開発
販売戦略	○ネット直販のホームページ好調 ○デル方式の販売・生産体制の模索	○ネット直販のリサーチの検討 ○究極の販売方式の検討
生産戦略	○世界同時生産立ち上げ体制の確立 ○部品の世界最安値調達システムの稼動 ○国内工場の派遣社員比率向上	○世界に向けた販売・生産体制の構築 ○世界調達システムの検討 ○国内工場のS＆B(スクラップ＆ビルド)
技術戦略	○技術のブラックボックス化 ○コア技術への先行投資	○技術戦略の再構築 ○特許戦略の強化
財務戦略	○転換社債による300億円の資金調達 ○株式配当増加による株高戦略	○転換社債、増資による資金調達の検討 ○IRの強化
海外戦略	○海外販売拠点のネットワーク拡大 ○欧州企業2社と販売提携	○海外戦略の再構築 ○M＆Aによる販売ネットワークの拡大

◆競合分析から経営課題を抽出する

　競合分析から経営課題のヒントを抽出してみました。全社戦略では、自社は総花主義的、海外戦略の遅れが目立つこと。商品戦略では、自社の成長分野開拓、オンリーワン商品の開発の必要性を感じました。販売戦略では、ネット直販のリサーチの検討、究極の販売方式の検討をあげました。その他戦略では、世界調達システムの検討、国内工場のS＆B(スクラップ＆ビルド)、技術戦略の再構築、転換社債、増資による資金調達の検討、海外戦略の再構築などが経営課題として明確になりました。

豆知識　グローカル＝グローバル＋ローカル

　グローカルは1980年代に造られた、グローバルとローカルを合成した言葉です。ローカル（地元、国内）だけでは視野が狭くなります。グローバル（広域、海外）だけだと、足下の守りが弱くなります。グローバルとローカルの両方の視点が大切だという意味です。インターネットの普及により、グローバルが身近になりました。グローカルで視野を広げましょう。ただし、ローカルの己を見失うと、孫子曰くの「負ける原因は我にあり」になってしまいます。

ウラ技　競合分析でライバル企業の弱みを見つけよう

「敵に習う」ことも、ときにはさまざまなヒントを与えてくれます。

| フェーズ 2-3 | 社内に目を向けて己を知ろう |

いろいろな角度から自社の強み・弱みを分析する

――外部環境分析のレクチャーが終わった――

財前「外部環境の分析と同時に、内部環境分析をするといいですね」

山口「内部環境分析とは、自社についていろいろ調べることですね」

財前「そうです。己を過信していると足下をすくわれますからね。孫子曰く『敵を知り、己を知れば、百戦して殆うからず』。己を知れば大きな間違いを起こさない。わかりますよね、山口くん」

山口「身にしみて反省しています。イトー電器という会社の本分をわきまえず、食品業界に乗り込んじゃったりして、面目ないです」

財前「私に初めて会ったときは、インスタントラーメン事業は撤退しませんと息巻いていませんでしたか？」

山口「はあ、若気の至りでして……」

財前「もう君も31歳。30を過ぎたら、その道のプロフェッショナルでないと、転職も難しいですよ」

山口「先生、もうそんなに責めないでください。十分反省していますから」

財前「いや、からかっているだけです。おもしろいように反応してくれるから、からかい甲斐がありますね」

（形勢悪しと見て、強引に話題を変える山口くん）

山口「ところで先生、最近よくファミレスに行くのですが。流行っているファミレスと、流行っていないファミレスとでは、雰囲気がまるで違いますね」

財前「なんですか、藪から棒に。雰囲気が違うって、どういう意味でしょう？」

山口「流行っているファミレスは、大勢で行っても一斉に料理が出るんです。みんなで同時にいただきますになるので、気分が盛り上がるんです。ところが、流行っていないファミレスは、できた順にバラバラに来るんですよ。先に料理が来た人に、周囲の人が『どうぞ』

って言うんですけど。次の人の料理がいつ来るかわからないから、言われたほうも気を使いながら食べて。そして先に食べ終わるから、食べ終わった後、みんなが食べているのをじっと黙って見て……。それで、雰囲気が暗くなるんですよね」

財前「おもしろいところに気がつきましたね。それは、お店側の価値観において、大きな違いがあるのです。一度に料理を出す店は、お客様の立場で料理の順番を決めている。しかし、バラバラに料理が出てくるお店は、自分たちが作りやすいという都合で決めている。つまり、お客様のことを考えていないんです。お客様のことを考えているかどうかで、店の雰囲気も大きな差が出るんです」

山口「おっしゃるとおりです。料理が一度に出てくるファミレスのほうが、味もいいし、店も混んでいますよ」

財前「山口くん、そういうふうな観察力も戦略分析には重要な才能なのですよ」

山口「先生、ほめることもあるんですね」

財前「当たり前です。君みたいなタイプは、ほめて育てろと言いますからね。しかし、ほめすぎるとすぐに天狗に……」

山口「扱いにくいですか、私は?」

財前「いえいえ、からかい甲斐があるって言いませんでしたっけ。ある意味、単純だし」

山口「先生、何を言われても、とりあえず先生についていきます」

財前「とりあえずとは、まいりましたね」

レクチャー 2–3 イトー電器の自社分析をしよう（内部環境分析）

1 自社の強みと弱みの分析

◆自社の強みと弱みを明確化する

　次に、イトー電器社内の分析、つまり内部環境分析について進めてみましょう。山口くんと川田さんが作成した資料をもとに、分析方法をご紹介しましょう。**強み・弱みの分析、多角化分析、成功・失敗分析、販売チャネル分析、財務分析の5種類の自社分析**を行いました。

　自社の強みと弱みの分析フォーマットは、横軸に、「切り口」「強み」「弱み」「経営課題のヒント」の項目を設けました。縦軸の切り口は、競合分析と同様に、機能別（業務の専門分野による分類）を意識して分類しました。全社戦略、商品戦略、販売戦略、生産戦略、技術戦略、財務戦略を切り口にしています。

　自社の強みとしては、ナンバーワン戦略の徹底、環境性能の向上、直販チャネルの強化、ワンストップサービス、組立ラインのコストダウン力、小型化技術に強い、開発と生産部門の連携がよい、システムＬＳＩの開発力などをあげてみました。

　自社の弱みとしては、海外戦略の遅れが顕在化、グループ経営基盤が弱い、デザイン力が弱い、プロモーションが地味、営業がまじめだけどおとなしい、部品の調達コストが高い、海外工場の品質が低い、３Ｄ・ＣＡＤ（スリー・ディー・キャド：立体構造の設計ができるコンピュータ設計。「３次元キャド」ともいう）導入の遅れ、遊休資産の放置などをあげました。

◆自社の強みと弱み分析から経営課題を抽出する

　自社の強みと弱み分析から経営課題を抽出しました。グループ経営の強化、省エネ商品の強化、マッサージ機の事業強化、オンリーワン商品の開発、ブランド力強化、部品の世界調達検討、３Ｄ・ＣＡＤ活用で試作回数減などをあげました。

　そのうえで、自社のコア・コンピタンスを明確化しました。イトー電器は、小型化技術、システムＬＳＩ技術、直販チャネルは他社に負けないと自負があります。しかし安心していては、競合に追い抜かれます。コア・コンピタンスでは絶対に負けてはいけないと決意しました。

■自社の強み弱みの分析

切り口	強み	弱み	経営課題のヒント
全社戦略	○ナンバーワン戦略の徹底 ○事業の選択と集中	○海外戦略の遅れが顕在化 ○グループ経営基盤が弱い	○海外でのナンバーワン戦略 ○グループ経営の強化
商品戦略	○環境性能の向上 ○健康と安全安心の提供 ○オンリーワン商品の投入	○デザイン力が弱い ○白物家電に弱い ○商品ラインナップが少ない	○省エネ商品の強化 ○マッサージ機の事業強化 ○オンリーワン商品の開発
販売戦略	○直販チャネルの強化 ○ワンストップサービス	○プロモーションが地味 ○営業がまじめだがおとなしい	○ブランド力強化 ○コールセンターの充実
生産戦略	○組立ラインのコストダウン力 ○国内工場は高品質	○部品の調達コストが高い ○海外工場の品質が低い	○部品の世界調達検討 ○海外工場の品質向上
技術戦略	○小型化技術に強い ○開発と生産部門の連携がよい ○システムＬＳＩの開発力	○薄型テレビ技術に遅れ ○３Ｄ・ＣＡＤ導入の遅れ ○技術者の流出懸念	○小型化技術の更なる強化 ○３Ｄ・ＣＡＤで試作回数減 ○社員が魅力を感じる企業作り
財務戦略	○株式市場からの資金調達力 ○キャッシュフロー経営	○遊休資産の放置 ○財務戦略が弱い	○資金調達力の更なる向上 ○財務戦略の明確化

コア・コンピタンス	○小型化技術 ○システムＬＳＩ技術 ○直販チャネル

2 多角化分析

◆イトー電器を多角化分析する

イトー電器の多角化分析は、**PMマトリックス**を使って行いました。横軸に製品（Product）、縦軸に市場（Market）をとり、既存と新規に分けたフォーマットを作成しました。

既存の市場を活かして、新規の製品（事業を含む）として、省エネ向上製品、ネット家電、全自動家電、シニア向け家電、富裕層向け高級家電、ロボット掃除機を考えました。

既存の製品を活かした新規の市場（顧客、チャネル含む）として、海外向け直販チャネル、BRICs市場への販売拡大、受注生産による在庫レスを考えました。

製品も市場も新規としては、フィットネス家電、ネット銀行、アフェリエイト（提携）広告事業、ベンチャー育成事業を考えてみました。

■イトー電器の多角化分析

市場 \ 製品	既存 製品・事業	新規 製品・事業
既存 市場・顧客 販売チャネル	○掃除機、アイロン、空気清浄機 ○マッサージ機、暖房機、電話機 ○プリンター、パソコン周辺機器 ○白物家電 ○デジタル家電 ○調理器、炊飯器、電気ポット	○省エネ向上製品 ○ネット家電 ○全自動家電 ○シニア向け家電 ○富裕層向け高級家電 ○ロボット掃除機
新規 市場・顧客 販売チャネル	○海外向け直販チャネル ○BRICs市場への販売拡大 ○受注生産による在庫レス	○フィットネス家電 ○ネット銀行 ○アフェリエイト広告事業 ○ベンチャー育成事業

◆多角化分析はあくまで候補の列挙

　これらの製品や市場はあくまで候補の列挙です。新規に取り組むのであれば、選択と集中が必要です。限られた経営資源の配分ですから、慎重に絞り込むことが必要です。

　優先順位を考えると、まずは本業である既存領域の強化です。既存製品と既存市場の深耕が最大の優先順位です。次に既存市場を販売チャネルとして通用する新規製品を開発することが２番目の優先順位です。３番目の優先順位は、既存製品を活用して、新規市場を開拓します。特に海外市場の新規開拓は、新規製品を開拓するより、時間と投資額がかかる場合が多いようです。

　新規製品を新規市場に投入して成功させることは容易ではありません。ただし、アライアンスやＭ＆Ａを活用すれば、短時間で新規分野での製品と市場、そして経営資源を手に入れることが可能です。

3　成功・失敗分析

◆イトー電器を成功・失敗分析する

　次にイトー電器の過去の戦略を、成功・失敗分析で分析してみました。成功・失敗分析は、今までの戦略を客観的に確認する手法として、ぜひとも活用していただきたい戦略分析の１つです。

　成功・失敗分析のフォーマットは、横軸に、「戦略の切り口」「従来の戦略」「戦略の評価」「将来の戦略ヒント」を項目にします。縦軸の切り口は、競合分析や自社分析と同じく、機能別（業務の専門分野による分類）を意識して分類しました。全社戦略、商品戦略、販売戦略、生産戦略、技術戦略、財務戦略です。

　従来の戦略の欄には、３年前から現在までに意思決定した戦略を書き出します。マクロ環境の変化も早いので、過去３年以前のものは除外し

てもかまいません。

　従来の戦略を書き出したら、次に戦略の評価を行います。それぞれの戦略を、成功・中立・失敗の3段階で評価します。成功か失敗か、どちらとも判断ができない場合は、中立という評価でいいのです。

　イトー電器では、国内中心のシェアアップに注力してきたこと、それが結果的に海外進出の遅れを招いたことが確認できました。また、かつて社内公募で始められた新規事業開発であるインスタントラーメンと居酒屋チェーン事業は、失敗と判断しました。

　成功か失敗の評価では、客観的な判断をすることが重要です。失敗と判断すると、ある役員が怒るというような、役員の個人的なエゴは排除します。失敗を素直に失敗として認められない役員は、解任したほうが会社にとっては有益でしょう。失敗体験が次に活かせないからです。

■成功・失敗分析

戦略の切り口	従来の戦略	成功	中立	失敗	戦略の評価	将来の戦略ヒント
全社戦略	国内中心のシェアアップ		●		国内では成功 海外への進出遅れ	BRICsを中心とした海外での生産・販売強化
	社内公募による新規事業（ラーメン、居酒屋）			●	戦略なき多角化	戦略を持った多角化
商品戦略	デジタル家電の強化	●			デジタル家電の売上増加 コスト競争には出遅れている	ユニバーサルデザインの推進 海外生産によるコストダウン推進
	白物家電の縮小を容認			●	白物家電の売上が激減	エアコン、冷蔵庫の販売テコ入れ
	掃除機のナンバーワン戦略	●				
販売戦略	国内販売代理店の強化			●	量販店対応の遅れが顕在化 海外販売の対応の遅れ	量販店でも利益が出るコスト実現 海外拠点の計画を早期立案
	インターネット直販の強化		●		販売量がやや伸びる	アフェリエイト広告の強化
生産戦略	国内生産拠点の統廃合	●			稼働率アップ	世界シェアに向けた生産体制構築
技術戦略	トップダウン型の開発体制	●			開発資源の選択と集中	コア技術の更なる育成
財務戦略	株式上場	●			資金調達力の強化	株高維持、IRの強化
	遊休資産の放置	●			土地の値上がりで含み資産	遊休資産活用の検討

◆**成功・失敗分析から経営課題を抽出する**

　イトー電器の成功・失敗分析から経営課題を抽出しました。BRICs（ブラジル、ロシア、インド、中国）を中心とした海外での生産・販売強化、戦略を持った多角化、海外生産によるコストダウン推進、エアコン、冷蔵庫の販売テコ入れ、量販店でも利益が出るコスト実現、アフェリエイト広告の強化、コア技術の更なる育成などがあげられました。

　ある会社の戦略分析を行ったとき、この成功・失敗分析という手法は非常にすばらしいと絶賛されました。ぜひ皆さんの会社でも、作成してみてはいかがでしょうか。関係者が集まれば、記憶をたどりながら、2～3時間で作成できるでしょう。

4　販売チャネル分析

◆**イトー電器の販売チャネルを分析する**

　イトー電器の販売チャネルを分析しました。どの販売ルートでどれだけの製品が販売されているかの図です。

　量販店は70％と大部分を占めています。ヨドバシカメラ、ビックカメラ、ヤマダ電機などの量販店で、イトー電器の製品が大量に販売されています。

　直営店では、自社のＦＣ（フランチャイズ方式）で地方都市に販売網を持っています。しかし量販店の地方都市進出が進み、直営店は苦戦しています。ただ、高齢者向けには好評で、テレビやビデオなどのお任せセッティングが好評です。高齢者社会において、直販店の更なるテコ入れが必要です。

　通信販売は、外部業者に委託していますが、15％の売上を持っています。カタログ冊子だけでなく、テレビショッピング、テレフォンショッピング、新聞、雑誌などの通販を組み合わせています。

ネット直販では、自社のホームページ上で製品を販売しています。直販なので販売店にマージン（利益）を取られることはありません。近年、売上は徐々に伸びています。

■販売チャネル分析

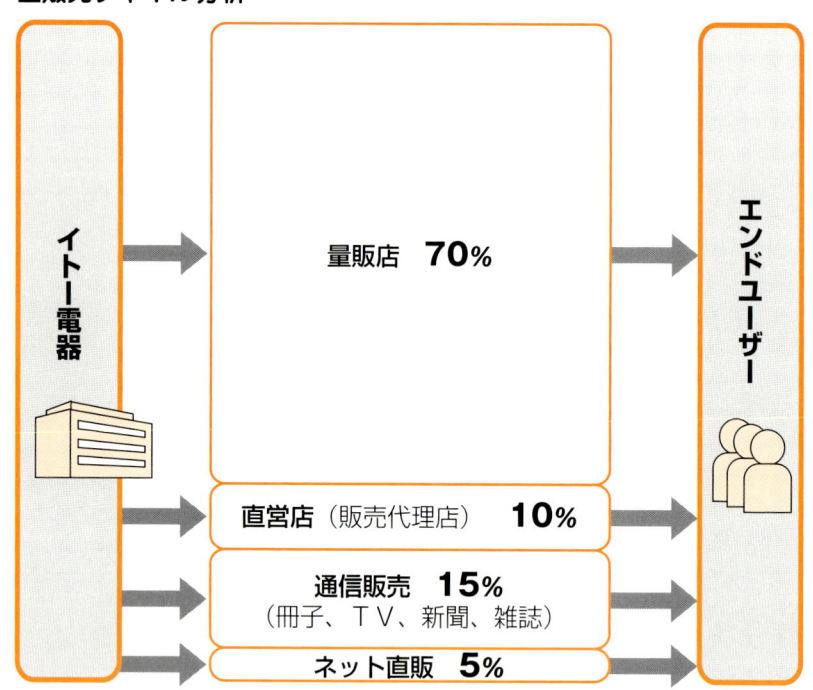

```
イトー電器 →  量販店 70%            → エンドユーザー
          →  直営店（販売代理店） 10% →
          →  通信販売 15%           →
             （冊子、ＴＶ、新聞、雑誌）
          →  ネット直販 5%          →
```

◆販売チャネル分析から経営課題を抽出する

　量販店は70％と大部分を占めていますが、薄利多売です。売上数量は伸びるのですが、粗利が非常に少ないので利益が出ません。また、通信販売は外部業者に委託しているので、手間がほとんどかかりません。そして量販店よりは粗利が高く、比較的利益が捻出できます。
　直営店、ネット直販では、数量が少ないのですが、粗利がきわめて高いのが魅力です。しかし、直営店の売上の伸びは低迷しており、このま

までは展望が見えません。抜本的な強化策が求められています。ネット直販を伸ばせれば、イトー電器の収益性を飛躍的に向上させることができるでしょう

なお、法人ユーザーへの直販についても、経営会議で話題にのぼっています。量販店の店頭価格より安く売っても、量販店にマージンを支払わなくて済むので、イトー電器の粗利が多く確保できます。

5 財務分析

◆イトー電器を財務分析する

イトー電器の数値的なデータは、経理部が管理しています。皆さんの会社でも経理部を巻き込んで必要なデータを集計し、基礎資料を作成してもらいましょう。

経理部では、財務諸表（損益計算書、貸借対照表）がありますので、全体像を把握します。そして、事業部別の売上・費用集計、商品群別の売上・費用集計などを作成してもらいましょう。

◆財務分析から経営課題を抽出する

イトー電器の財務分析から経営課題を抽出しました。製造コストが高いのに、販売価格が安い製品がいくつか見つかりました。さらに売上とコストの内訳を詳しく調査して、場合によっては、生産中止を視野に入れることにしました。

また国内からの部品調達金額が多いことがわかりました。国内部品調達率は60％です。一方、競合の国内部品調達率を内密に探ってみたところ、国内部品調達率は35％でした。ここでも海外生産の出遅れが大きな一因であると考えられます。

豆知識　成功体験に酔いしれない

　成功体験は重要ですが、成功体験は美化されやすいものです。成功体験に酔いしれないで、手綱を締めていきましょう

豆知識　失敗体験をタブーにするな

　過去の失敗体験をタブーにしがちです。失敗体験に懲りずに、チャレンジ精神を大切にしましょう。

ウラ技　なぜ成功したか、なぜ失敗したかを問いかけよう

　なぜ成功したのか、なぜ失敗したのか、原因究明が大切です。成功・失敗分析で、いい話も悪い話も、なぜそのような結果になったのか、原因究明しましょう。

ウラ技　企業買収するなら名刺の値段を聞け

　ある会社では、企業買収をするかどうかを決めるときに、総務部が印刷会社に発注する名刺の値段を聞くそうです。さて、名刺の値段が安いほうが買い、高いほうが買い、どちらでしょうか？
　その会社は、名刺の値段が高い会社はお買い得だと判断しています。名刺の値段が高いということは、社内にまだまだコストダウンの余地が残されていると判断できるからです。名刺の値段が安い会社は、すでにあらゆる部分でコストダウンが進んでいるはず。だから、買収しても、更なるコストダウンのネタを探すのが難しいから、買収のうまみがないというのです。

column 2　自社のホームページでカスタマイズ仕様を販売

　松下電器では、ノートパソコンをインターネット直販しています。直販の「マイレッツクラブ」で、パソコンの天板（表面の板）の色を選べる、名前を刻印できるというカスタマイズサービスをしているのです。一般の販売店では買えない色が手に入ること、自分の名前が刻印できることで、自分だけの1台という満足度を提供しています。

　どこでも買える商品であれば、消費者は1円でも安いほうがいいと考えます。結果的に、値下げ競争が加速します。しかし、そこだけでしか買えない商品であれば、少々高くてもしかたがないかと考えるようになります。

　希少価値を出して、高くても売れる戦略は、ブランド戦略としても重要な視点です。また、差別化が必要だというのも、希少価値を出すブランド戦略の一種と考えることができます。

第3章

経営戦略を体系的に作成してみよう

本章のストーリー

フェーズ3−1／まずは推進体制を明確化しよう
フェーズ3−2／経営戦略の体系と経営理念の確認
フェーズ3−3／基本戦略の策定
フェーズ3−4／機能別戦略の策定、重点施策の明確化

本章で学ぶこと

レクチャー3−1／経営戦略立案のための体制作り
レクチャー3−2／イトー電器の経営理念確認と戦略分析活用
レクチャー3−3／イトー電器の基本戦略策定に挑戦
レクチャー3−4／イトー電器の機能別戦略と重点施策明確化

本章のあらすじ────the Outline of Chapter 3

　第2章で紹介した戦略に関する財前先生の講義は、山口くんを介して伊藤室長と川田さんに漏れなく伝わり、社内外の環境分析、戦略分析は山口・川田両名を中心に支障なく進められました。第3章ではいよいよ推進体制を固め、経営戦略を体系的に作成する段階へと入ります。

　戦略推進体制の事務局を務める3人の登場人物にも、それぞれ成長の跡が見えます。伊藤室長は"戦略の信者"となって、自分たちで会社を儲かる体質に変えるという意欲が出てきました。山口くんは中堅社員としての自覚にようやく目覚め、川田さんから突っこまれるような言動がなくなりました。川田さんは、山口くんの成長する姿に少し魅力を感じてきているようです。

| フェーズ 3−1 | まずは推進体制を明確化しよう |

戦略立案チームのメンバーと合宿研修のスケジュールを確認

――戦略分析を終えて――

財前「皆さんのご協力をもちまして、満足のゆく戦略分析ができました。山口くんに頼んだ代講もなかなか要領を得ていて良かったと伊藤室長がほめていましたよ」

山口「ほんとですか、ありがとうございます。なんだか入社以来、初めて本気で仕事に取り組んでいる気がします」

伊藤「おいおい山口くん、そこが君の悪いところだ。もう立派な中堅社員なんだから、ずっとその調子を続けてくれないと困るよ。私も、君に期待しているから財前先生に集中的な指導をお願いしたんだからね」

山口「はい、ありがとうございます。期待に応えられるよう、これからもずっと本気でがんばります」

伊藤「よろしく頼むよ。ところで財前先生、役員にはすでに話を通してあるのですが、経営戦略の立案は当初予定どおり、合宿方式でいいですか？」

財前「いいんじゃないですか。年明け1月の金・土の合宿を2回やりましょう。あと1か月ほどですから、役員の方には至急連絡をお願いします」

伊藤「わかりました。役員全員、1月の第2と第4の金・土を合宿日程として押さえています。ただし、宿泊場所などはこれからです。ホテルなら心当たりがいくつかありますが、ホテルでいいでしょうか」

財前「いや、シティホテルは華美すぎますから、研修センターにしましょう。大手商社やノンバンクなどは、研修施設を外部にも貸し出しています。私がよく使っている研修センターのリストを持ってきたのでお渡ししておきます」

伊藤「助かります。川田さん、このリストにある研修センターに大至急あたって、まず空き状況を調べてください」

川田「わかりました。打合せが終わり次第、電話します」

――推進体制を整える――
財前「さて、推進体制ですが、執行役員を除く全役員に参加していただきます」
伊藤「承知しております。社長を含めて9名です。それに、先生と私、事務局の2名、計13名で予定しています」
財前「了解です、そのメンバーでいきましょう」
川田「財前先生、どのような準備をしておけばよいでしょうか？」
財前「別途、必要機材についてはメールでお知らせします。プロジェクター、コピーできるホワイトボードなどです。あと、模造紙が必要ですが、40枚くらいあれば足りると思います。広めの会議室で、模造紙が20枚以上壁に貼れる部屋が欲しいですね」
川田「かしこまりました。事前配付資料、事前課題、当日配付資料などがありましたら、わたくしが対応いたします」
伊藤「先生、役員にも何か課題図書を読ませておきましょうか」
財前「いい提案です。お正月ボケしないように、役員の皆さまには課題図書を1冊出しましょう。ちょうどここに持ってきている本があるので、人数分すぐに手配して、役員全員に配付してください」
伊藤「さあ、役員にも勉強してもらうぞ。たたき上げだけでは知恵が足りないからな」
財前「伊藤室長も、すっかり"戦略の信者"になってきましたね。信者の字を1文字にすると『信者＝儲』、つまり儲けるという字になります」
伊藤「戦略のことはまだ勉強途上ですが、すでに私は先生の信者になっています。先生だけでなく、私たちにも儲けさせてください」
財前「もちろん、そのつもりですよ。Win－Winでいきましょう」

レクチャー 3-1 経営戦略立案のための体制作り

1 経営戦略立案チームを立ち上げる

◆**経営戦略立案チームの推進体制**

　戦略分析を先行させ、役員を巻き込んだ資料の準備が着々と進んでいます。財前先生の提案に基づいて、**経営戦略立案チーム**が結成されました。

　オーナーは伊藤社長、リーダーは伊藤室長です。コンサルタントに財前先生、事務局に山口くんと川田さんを任命しました。メンバーは、イトー電器の全役員です。

　12月の経営会議で承認され、役員全員の決意表明も執り行いました。1月中に金・土を使って1泊2日の合宿を2回、全員出席で実施することになりました。

◆**オーナー、リーダー、メンバー、事務局、コンサルタントの役割**

　オーナーの役割は意思決定です。会議の推進は、リーダーとコンサルタントで行います。事務局は、事前準備をはじめ議事録の作成、終了後の資料のまとめを担当します。メンバーは全員出席で、合宿運営に全面協力してもらいます。

　コンサルタントの財前先生には、全体の推進計画と同時に、合宿での司会進行を仕切っていただくことになりました。コンサルタントの多くは、会議運営のプロフェッショナルです。また客観的な立場で、役員の意見のとりまとめ役としても適任です。どのような進行になるか、山口くんもワクワクしてきました。

■経営戦略策定チームの組織図

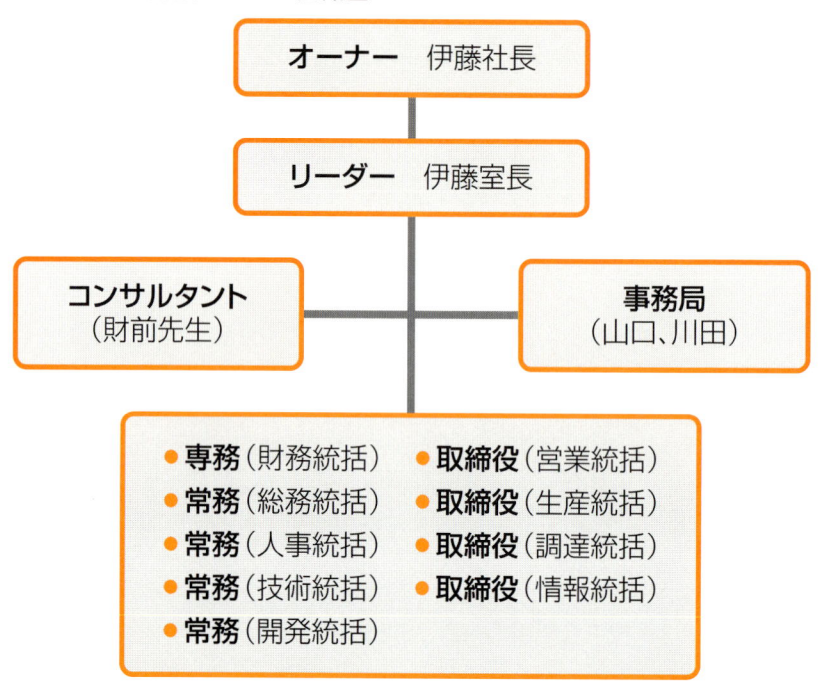

```
            オーナー  伊藤社長
                │
            リーダー  伊藤室長
                │
   ┌────────────┼────────────┐
コンサルタント              事務局
 (財前先生)              (山口、川田)
                │
    ┌───────────────────────┐
    │ ●専務(財務統括)  ●取締役(営業統括) │
    │ ●常務(総務統括)  ●取締役(生産統括) │
    │ ●常務(人事統括)  ●取締役(調達統括) │
    │ ●常務(技術統括)  ●取締役(情報統括) │
    │ ●常務(開発統括)                 │
    └───────────────────────┘
```

◆経営戦略策定のスケジュール

　経営戦略の策定スケジュールを決定しました。1月の第2週と第4週の金・土を、1泊2日で合宿することにしました。第1回目の合宿では、基本方針と計数計画（売上・利益計画）の明確化までを目標としました。第2回目の合宿では、重点施策までの明確化を目標としました。

　わずか2回の合宿で経営戦略をまとめるためには、事前準備、第1回目と第2回目の合宿終了後のとりまとめをきちんと実施することが肝要です。資料のとりまとめを担当する事務局の山口くんと川田さんの責任は重大です。

　2回の合宿で議論された内容をもとに、2月5日までに経営戦略書としてとりまとめ、2月8日の役員会議で、正式承認される予定です。

■戦略策定の推進スケジュール

	1月						2月		
	7	13	14	20	21	27	28	2/3	4	10

❶第1回目合宿
・合宿の準備
・経営理念の確認
・あるべき姿の明確化
・戦略分析の共有化
・ドメイン、コア・コンピタンス
・ターゲット市場
・KFSの明確化
・基本方針の明確化
・計数計画

❷中間資料作成

❸第2回目合宿
・機能別戦略
・新規事業戦略
・重点施策

❹経営戦略書の作成

❺役員会で承認

2　経営戦略立案で何を明確化するのか

◆経営戦略立案の記入フォーマット例

　経営戦略書は、数十ページくらいになるので、全体像が把握しにくくなります。そのため、経営戦略書の要旨をまとめた資料を、エグゼクティブ・サマリーとして1枚追加作成します。そうすることで、情報共有が容易になります。

　エグゼクティブ・サマリーは、Ａ3フォーマットでの作成がおすすめです。近年、早く要旨と結論を伝えるために、Ａ3フォーマットを用いる会社が増えています。詳細をさらに知りたい人には「別紙報告書を見てください」というかたちにします。

◆経営戦略の1枚要旨

　経営戦略のＡ3フォーマットの例として、次のような項目を入れておくといいでしょう。

- ・経営理念
- ・中期の目標
- ・戦略分析
- ・基本戦略
- ・機能別戦略
- ・重点施策

　Ａ3フォーマットの記入は、数十ページの経営戦略書の作成後に、事務局が作成するということでよいかと思います。

　ある会社の部長以上は、Ａ3フォーマットをカラー両面コピーして、いつも手元に置いています。表面はＡ3フォーマットでご紹介した内容で、経営戦略の要旨が記入されたものです。裏面は、重要性が高い計数計画や数値データが、ぎっしりコンパクトにまとめられています。

> **ウラ技** **Ａ3の大きさに1枚で要旨を書く**
> 　Ａ3フォーマットを最大限に活用しよう！

■経営戦略A3フォーマットの例

【経営理念】

【中期の目標】

【基本戦略】
❶ドメイン
❷コア・コンピタンス
❸ビジネスモデル（KFS）
❹基本方針

【戦略分析】
❶マクロ環境分析
❷市場・顧客分析
❸競合分析
❹自社分析
❺経営戦略課題

【機能別戦略】
❶商品戦略
❷販売戦略
❸生産戦略
❹技術戦略
❺財務戦略
❻新規事業戦略

【重点施策】
❶
❷
❸
❹
❺
❻

| フェーズ 3-2 | 経営戦略の体系と経営理念の確認 |

会社についての夢を語り、将来のあるべき姿・方向性を描く

――合宿が始まる。第1回目の合宿1日目午前――

伊藤「本日はご多忙中、1泊2日の役員合宿にご参加いただきありがとうございます。これから財前先生の司会運営のもと、経営戦略立案合宿を行います。では財前先生、運営方をよろしくお願いいたします」

財前「財前です。それでは、進行についてご説明いたします。すでに年末に一連の進め方、資料一式をお配りしております。念のためご説明させていただきます」

（以下のような、経営戦略立案までの全日程の説明が行われる）

【第1回目合宿1日目の議事進行スケジュール】
（1） 10：00〜12：00……10年後のイトー電器
（2） 13：00〜14：00……経営理念の確認
（3） 14：00〜16：00……イトー電器の3年後のあるべき姿
（4） 16：00〜18：00……戦略分析の情報共有と問題意識の共有化
（5） 懇親会

伊藤「ご質問がなければ、次に進みます」

財前「午前中は、イトー電器について、夢を語っていただきます。10年後のイトー電器をイメージしながら、『エクセレントカンパニーといえるイトー電器とは、どのような会社なのか』という視点で、順番に夢を語ってください。その後、フリーディスカッションに入ります。ここで出た話は、忘れないようにどんどん記録し、模造紙に書き出して周囲の壁に貼っていきます。話の経緯がビジュアルに把握できるので、情報が共有化できます。では皆さん、大いに夢を語ってください」

――第1回目合宿1日目午後――

伊藤「先生、午後の課題とその進め方についてお願いいたします」

財前「午後の課題は大きく3点あります。まず1つ目は、経営理念の確認を行い、修正が必要であれば、十分ディスカッションのうえ、改訂したいと思います。午前中のエクセレントカンパニーのディスカッションで、かなり皆さんの目指す方向が確認できました。この勢いをもって、イトー電器の経営理念を語ろうではありませんか」

伊藤「先生、2つ目は？」

財前「2つ目は、イトー電器の3年後のあるべき姿を語っていただきます。10年後には、エクセレントカンパニーになる。そのために3年後までにどこまで到達していればいいかを考えます」

伊藤「3つ目は何でしょう？」

財前「3つ目は、戦略分析のたたき台を用意しましたので、その完成度を上げます。経営企画室が作成したのではなく、皆さんが作成したという愛着がわくような戦略分析に作り直していただきたいのです。そして、戦略分析から戦略課題の抽出を行います」

伊藤「では、午後の部に入ります」

レクチャー 3-2 イトー電器の経営理念確認と戦略分析活用

1 合宿の準備

◆宿泊の手配

　合宿の事前準備は、大きく2つあります。1つは合宿施設の手配、2つ目は事前資料の準備です。

　合宿施設の手配としては、「日時とメンバーの決定」「会場手配」「機材準備」を行います。

　会場手配では、会議室や宿泊手配のほか、食事や飲み物手配、交通機関の手配などがあります。余談ですが、米国の合宿で不可欠な飲み物があります。それは何だと思いますか？　コーヒー、紅茶とかよりも、なんとコカコーラが必須なのです。冷えていなくてもいいから、とにかく大量に用意するのだそうです（コカコーラを切らすと米国の人たちはイライラするのだとか）。また、ある外資系の会社では、バナナとリンゴを会議室の後ろに山積みにしていました。

　昨今は外国人の社員や役員（社外取締役も含む）も珍しくなくなりました。欧米の方が参加するときは、彼らの文化・習慣を理解して日本人と異なる価値観で準備する必要があります。

　機材準備では、パソコン、プロジェクター、スクリーンなどのプレゼン機器一式、コピー機能付きホワイトボード、文房具一式（テープ、ホッチキスなど）です。また、模造紙、マーカー、付箋紙などがあると便利です。

　なお、参加者への事務連絡などはこまめに行いましょう。

◆事前資料の準備（事前資料収集と合宿の進め方）

　事前資料の準備として、事前資料収集と合宿の進め方手引きの作成があります。事前資料の準備の出来不出来で、合宿の成否が決まります。

　事前資料収集では、山口くんと川田さんが財前先生の指導のもとに作成した戦略分析資料一式や財務分析資料を、参加人数分を準備します。

　最も大切な事前資料は、合宿の進め方手引きです。イトー電器のケースでいえば、1泊2日の合宿の進め方を明確にした手引きがそれにあたります。合宿の進め方手引きは、議題と時間割、そしてアウトプットがわかるように作成します。

　今回のイトー電器の合宿は、次のような進め方にしました。
・1日目……①10年後のイトー電器、②経営理念の確認、③3年後のあるべき姿の明確化、④戦略分析の共有化
・2日目……⑤ドメインとコア・コンピタンス、⑥ターゲット市場、⑦ＫＦＳの明確化、⑧基本方針の明確化、⑨計数計画

　1日目の夜は懇親会とし、アルコールが入って緊張や警戒心が取れたところで本音の議論。翌日の予定があるので夜を徹してとはいかないでしょうが、本音トークのぶつけ合いも日本の社会では欠かせません。

2　企業における経営戦略の体系

◆経営理念から基本戦略へ

　企業における経営戦略の体系を、財前先生からご教示いただきました。まず**経営理念**を共通基盤としてどっしり固めます。そして、迷ったら経営理念に戻って考えます。

　経営理念を確認したら、**基本戦略**と**計数計画**を立案します。なお、基本戦略を策定するために戦略分析を十分行うことが効果的であることは言うまでもありません。

■合宿の事前準備

1. 日時・メンバー決定
2. 会場手配
   ・会議室、宿泊手配
   ・食事、飲み物手配
   ・交通機関の手配
3. 機材準備
   ・PC、プロジェクター、スクリーン
   ・ホワイトボード（コピー機能付き）
   ・模造紙、マーカー、付箋紙
   ・テープ、ホッチキスなど
4. 事前資料収集
   ・戦略分析資料一式
   ・財務分析資料
5. 合宿の進め方手引き
   ・進め方を明確にした資料配付

合宿の進め方手引き（第1回目）

1. 日時・場所
   20XX年1月11日（金）10:00～12日17:00（土）
   会場・宿泊　クロスウエーブ幕張
2. 目的
   経営戦略の策定（全2回の合宿の第1回目）
3. カリキュラム
   (1) 1/11　10:00～12:00：10年後のイトー電器
       ①合宿の進め方　②エクセレントカンパニーのディスカッション
   (2) 13:00～14:00：経営理念の確認
       ①経営理念の説明　②経営理念改訂の議論　③経営理念の修正
   (3) 14:00～16:00：3年後のあるべき姿の明確化
       ①エクセレントカンパニーの定義　②あるべき姿のディスカッション
   (4) 16:00～18:00：戦略分析の共有化
       ①戦略分析の説明　②フリーディスカッション　③経営課題の整理
       ー　懇親会　18:30～22:30　宿泊　ー
   (5) 1/12　9:00～10:00：ドメイン
       ①ドメインとコア・コンピタンスのディスカッション　②まとめ
   (6) 10:00～11:00：ターゲット市場
       ①世界市場でのターゲット明確化　②国内市場でのターゲット明確化
   (7) 11:00～12:00：KFSの明確化
       ①KFSの確認　②ビジネスモデルのディスカッション　③まとめ
   (8) 13:00～15:30：基本方針の明確化
       ①戦略課題の確認　②基本方針のディスカッション　③まとめ
   (9) 15:30～17:00：計数計画
       ①過去3年間の売上推移　②3年先の売上利益計画作成

◆**機能別戦略から重点施策へ**

　基本戦略に基づいて、**機能別戦略**を立案します。機能別戦略は、商品戦略、販売戦略、技術戦略など、機能別（専門分野）に戦略を具体化したものです。

　機能別戦略が明確になったら、**重点施策**を明確化します。重点施策とは、基本戦略と機能別戦略を実行に移すための施策（実行テーマ）です。要するに、何をすれば戦略が実行できるのかをまとめたものです。

　戦略は「選択と集中」が不可欠です。施策を重点化することで、やるべきことを選択し、確実に実行するために経営資源を集中させるのです。

■**企業における経営戦略の体系**

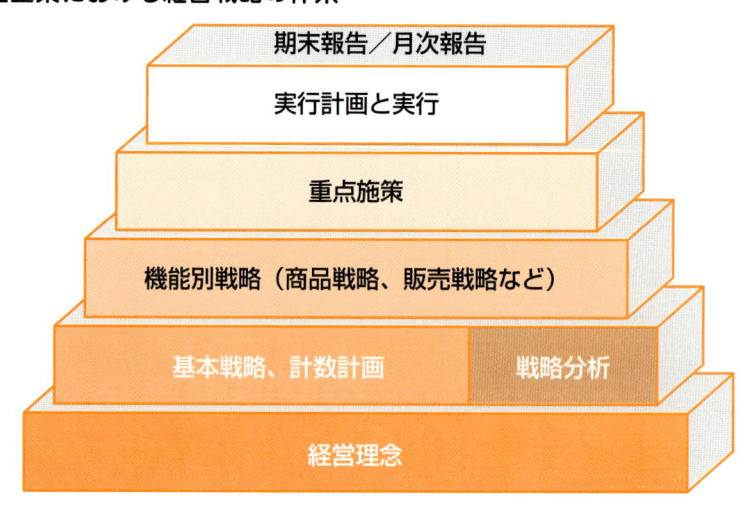

（ピラミッド図：下から上へ）
- 経営理念
- 基本戦略、計数計画／戦略分析
- 機能別戦略（商品戦略、販売戦略など）
- 重点施策
- 実行計画と実行
- 期末報告／月次報告

3　経営理念の確認と見直し

◆**経営理念の確認によって全員がスタートラインに立つ**

　イトー電器の経営理念を紹介します。イトー電器の経営理念は「社訓」「ミッション」「ビジョン」「バリュー（価値観）」で構成されています。

社訓は、社員が一丸となって前向きに取り組む、スローガンのようなものです。イトー電器のそれは以下の3点です。
「一、お客様の心にひびく新製品を出そう」
「一、常に、日本一に挑戦していこう」
「一、意欲とチームワークで、明るい職場をつくろう」
　経営戦略の合宿では、経営理念を1か所だけ修正することが役員全員一致で決まりました。「日本一」ではなく、「世界一」にレベルアップすることになったのです。

■イトー電器の経営理念

>　【社訓】
>　一、お客様の心にひびく新製品を出そう
>　一、常に、日本一に挑戦していこう
>　一、意欲とチームワークで、明るい職場をつくろう
>
>　【ミッション】
>　イトー電器グループは、豊かな生活を支える製品・技術・サービスを通じて、社会の発展と地球環境の保全に貢献します。
>
>　【ビジョン】
>　社員が生き生きと働ける職場づくりを通じて、全世界のお客様にとってなくてはならない存在となる。より豊かな社会の成長に必要なソリューションを提供し続けることで、お客様、社会、株主、社員の信用と満足度が最大化するエクセレントカンパニーを実現する
>
>　【バリュー（価値観）】
>　①顧客第一主義
>　②働きがいのある職場
>　③開かれたコミュニケーション
>　④高い品質
>　⑤創造する
>　⑥チャレンジする
>　⑦解決する

◆ミッションとビジョン

　経営理念の重要な構成要素である**ミッション**とは、その企業が考えている自分たちの使命です。「そもそも何のために事業するのか」を明らかにしたものがミッションなのです。イトー電器のミッションは、

　「イトー電器グループは、豊かな生活を支える製品・技術・サービスを通じて、社会の発展と地球環境の保全に貢献します」

　というものでしたが、それを役員全員で再確認しました。

　一方、**ビジョン**は願望や展望です。全社員がどのような展望を持って事業するのかを示したものです。言い換えれば、10年先までに「こうありたいという願望や展望」を表すものです。イトー電器のビジョンはこうです。

　「社員が生き生きと働ける職場づくりを通じて、全世界のお客様にとってなくてはならない存在となる。より豊かな社会の成長に必要なソリューションを提供し続けることで、お客様、社会、株主、社員の信用と満足度が最大化するエクセレントカンパニーを実現する」

　ミッション同様、特に修正しなければいけない箇所はなかったので、そのままビジョンとして、役員全員で再確認しました。

◆バリュー（価値観）

　グローバルカンパニー（世界的企業）に多いのですが、全世界の社員が共通の価値観を共有化するために、**バリュー**（価値観）を定めます。バリューは、数個程度のキーワードを列挙します。

　イトー電器もグローバルカンパニーを目指すため、バリューを制定することに役員全員一致で賛成しました。

　新しく制定されたバリューは以下の7点です。

　「①顧客第一主義、②働きがいのある職場、③開かれたコミュニケーション、④高い品質、⑤創造する、⑥チャレンジする、⑦解決する」

バリューの制定は初めてだったため、1年後にもう一度見直すことにしました。

4 将来のあるべき姿の明確化

◆イトー電器が目指すエクセレントカンパニーの定義を明確化する

財前先生は、合宿の開始時に「まず夢を語ってください」と全役員に要請しました。現実的な話は、日々の経営活動や経営会議でイヤというほどやってきたはずです。今までの会議のやり方では経営会議の延長上でしかないと、財前先生は断言しました。

夢を語るとは、「イトー電器が目指すエクセレントカンパニーとは？」をテーマに、イトー電器の将来像を描いてほしいというリクエストでした。ずばり「10年後にこうありたいというイトー電器の夢」を語ってもいいと、財前先生は言いました。

エクセレントカンパニーとは「業界の超一流企業で、かつ顧客・社会・競合・社員からも尊敬される企業」です。ビジョンを持っている企業、未来志向の企業、先見的な目を持ち卓越した企業です。また、同業他社の間で広く尊敬を集めている企業、見識のある経営者や企業幹部の間で広く尊敬されていること、社会に消えることがない足跡を残していることなどが、エクセレントカンパニーの条件です。

イトー電器が目指すエクセレントカンパニーの議論は大いに盛り上がり、参加者全員は一体となりました。合宿は順調なスタートを切りました。

◆3年後のあるべき姿を共有化する

「では3年後のイトー電器のあるべき姿はどうでしょうか」と、財前先生は議題を変えました。「顧客にとって」「自社にとって」「社員にと

■ イトー電器のエクセレントカンパニーの定義

業界の超一流企業で、かつ顧客・社会・競合・社員からも尊敬される企業

- ビジョンを持っている企業
- 未来志向の企業
- 先見的な目を持ち、企業、業界で卓越した企業
- 同業他社の間で広く尊敬を集めている企業
- 見識のある経営者や企業幹部の間で、広く尊敬されていること
- 大きなインパクトを世の中に与え続けてきた企業
- 社会に消えることがない足跡を残していること
- 当初の主力商品のライフサイクルを超えて繁栄していること

■ イトー電器の3年後のあるべき姿の明確化

1 顧客にとって
お客様が商品を買って所有することに、喜びと誇りを感じられる企業になる

2 自社にとって
事業すればするほど顧客が増殖し、経営資源が蓄積し続ける経営になっている

3 社員にとって
豊かな生活と雇用の保障を基盤として、社員が誇りを持って仕事に取り組める状態になっている

って」のイトー電器のあるべき姿を皆さんで考えてくださいということで、熱心な議論が交わされました。

　その結果、顧客にとっては「お客様が商品を買って所有することに、喜びと誇りを感じられる企業になる」というあるべき姿の合意が取れました。自社にとっては「事業すればするほど顧客が増殖し、経営資源が蓄積し続ける経営になっている」、社員にとっては「豊かな生活と雇用の保障を基盤として、社員が誇りを持って仕事に取り組める状態になっている」ことをあるべき姿として、満場一致で合意が取れました。

5　戦略分析の要旨と問題意識の共有化

◆戦略分析により問題意識の共有化を図る

　しだいに具体的な戦略立案に入ることになりました。まず問題意識の

■戦略分析から導かれたイトー電器の経営課題のまとめ

分析区分	戦略分析から導かれた経営課題のまとめ	
マクロ環境分析	○環境家電の開発 ○遊休資産の売却 ○借入金圧縮 ○BRICsへの海外戦略策定 ○テロ危険地域への進出中止 ○環境問題への取組み ○価格戦略の見直し ○長期間販売できる商品開発 ○家電の新しい付加価値創造	○個人情報への対応強化 ○環境規制を機会に転嫁する ○技術開発のコスト削減 ○特許戦略の強化 ○システムLSI事業の強化 ○環境貢献へのアピール ○クチコミ、マスコミ活用 ○団塊の世代向け商品の開発 ○株価維持による買収防衛
顧客・市場分析	○掃除機の概念を越えた商品開発 ○健康家電のコンセプト策定 ○冷蔵庫の小型・大容量化 ○長期視点でのコスト低減対策 ○世界的低コストでの材料調達 ○リサイクル対応の設計改善	○マンション専用の家電開発 ○余暇時間を楽しむ家電開発 ○家電のコンビニ店 ○家事洗濯の簡素化 ○ワンタッチ、マニュアルレス ○低価格競争からブランド競争への転換
競合分析	○総花主義的体質からの転換 ○海外戦略の遅れを取り戻す ○経常利益率1％（直近3年間） ○得意分野、成長分野の開拓 ○オンリーワン商品の開発 ○ネット直販のリサーチの検討 ○究極の生産方式の検討 ○世界販売・生産体制の構築 ○世界調達システムの検討	○国内工場のS&B ○技術戦略の再構築 ○特許戦略の強化 ○転換社債、増資による資金調達の検討 ○IR（※）の強化 ○海外戦略の再構築 ○M&Aによる販売ネットワークの拡大
自社分析	○海外でのナンバーワン戦略 ○グループ経営の強化 ○省エネ商品の強化 ○マッサージ機の事業強化 ○オンリーワン商品の開発 ○ブランド力強化 ○コールセンターの充実	○部品の世界調達検討 ○海外工場の品質向上 ○小型化技術の更なる強化 ○3D・CADで試作回数減 ○社員が魅力を感じる企業作り ○資金調達力の更なる向上 ○財務戦略の明確化
総合 （SWOT分析）	○掃除機のアジア市場への拡大 ○パーソナルロボットの開発 ○掃除ロボットの開発 ○超小型ワンセグモバイル ○若手社員のプロジェクト参画 ○海外市場の強化 ○国内販売代理店のリストラ ○グループ経営の強化	○新規事業の戦略見直し ○経営戦略の再構築 ○海外生産の生産技術力向上 ○海外企業の買収による海外強化 ○世界同時立ち上げ生産による市場投入 ○社内情報セキュリティの向上 ○コンプライアンス意識の向上

※IR：投資家との間に好ましい関係を構築するための戦略的な情報発信活動

共有化です。同じ土俵でディスカッションできるよう、山口くんは財前先生の指示で、戦略分析の資料を一通り説明しました。なお戦略分析の資料は、約3週間前の年末に全役員に事前配付済みでした。

　山口くんから20分間程度の趣旨説明があり、その後、フリーディスカッションを行いました。それによって役員の認識がバラバラだったことがわかりました。そして、共通認識と問題意識の共有化の重要性を、各役員がしっかり感じ取ったようです。

◆**戦略分析により戦略課題を共有化する**

　戦略分析のフリーディスカッションにより、役員が重要と思える経営課題は何かが、しだいにはっきりしてきました。ときどき財前先生が、「2つの経営課題、A案とB案があるとしたら、どちらを優先しますか？」という質問をしていました。

　戦略は選択と集中ですから、何かを優先して、何かをあきらめることも必要です。財前先生は、役員たちの優先順位を確認するために、しばしば2つを引き合いに出して、どちらを優先するかを確認しているようでした。

豆知識　同じ土俵でディスカッションするためには問題意識の共有化が大切

戦略分析は、同じ土俵でディスカッションするために効果的です。

ウラ技　夢を共有化することから始めよう

　エクセレントカンパニー、あるべき姿など、夢を共有化することから始めよう。

フェーズ 3-3 　基本戦略の策定

「どんな事業を行うのか」など、基本となる5つの項目を明確にする

――第1回目合宿の2日目朝――

財前「おはようございます。皆さん、昨夜は実に盛り上がっていましたね。役員全員に一体感が生まれ、全社一丸となることが成功の秘訣です。だんだんいい雰囲気になってきましたよ、これは」

伊藤「今日の課題は、基本戦略の明確化です。皆さん、腹案を持って来られたかと思いますが、昨夜のアルコールで頭から吹っ飛んだなんてことはないでしょうね」

財前「議論は盛り上がっていましたが、アルコールを過ごすこともなく紳士的だったし、それはないでしょう。しかし、まあ今日は本来なら土曜日で、世間の会社はお休みです。真冬とはいえ、さわやかな青空。絶好のゴルフ日和なのに残念……なんて思っておられる方もいらっしゃるかもしれませんね」

伊藤「そうとも言い切れません。世間の人たちが遊んでいるときに仕事をする、みんなが仕事をしているときに遊ぶ。これもなかなか快感ですよ。それでは財前先生、よろしくお願いしたします」

財前「では、進めさせていただきます。昨日はまず、10年先、3年先のイトー電器の夢を語っていただきました。そして、経営理念の確認と戦略分析を通じて、皆さまと情報の共有化、問題意識の共有化を行いました。その後の懇親会で、かなり皆さんの本音と、会社に対する熱い思いを交わしました。皆さんの思いを、誰が見てもわかるように、経営戦略書として体系的に形にしたいと思います」

伊藤「先生、どのような手順で行いますか」

財前「本日は、基本戦略の立案を行います。次回の合宿では、基本戦略に基づいて、機能別戦略の立案、重点施策の明確化を行います」

伊藤「では、本日の基本戦略の立案について、具体的な項目の発表をお願いします」

財前「1つ目に、ドメイン（事業領域）とコア・コンピタンスの明確化

を行います。２つ目に、ターゲット市場とターゲット顧客を明確化します。３つ目に、ＫＦＳとビジネスモデルの明確化を行います。４つ目に基本方針の明確化、５つ目に全社と部門別の計数計画（売上利益計画）を明確化します」

伊藤「今日は盛りだくさんですね」
財前「大丈夫です。時間配分はホワイトボードにあるとおりです」
伊藤「それでは皆さん、よろしくご協力お願いいたします」

（第１回目合宿２日目のスケジュールは、以下のとおり）
（１） ９：００～１０：００……ドメインとコア・コンピタンスの明確化
（２） １０：００～１１：００……ターゲット市場、ターゲット顧客を明確化
（３） １１：００～１２：００……ＫＦＳの確認とビジネスモデルの明確化
（４） １３：００～１５：３０……基本方針の明確化
（５） １５：３０～１７：００……全社と部門別の計数計画の明確化（過去３年間の売上推移、３年先の売上利益計画の作成）

レクチャー 3-3 イトー電器の基本戦略策定に挑戦

1 ドメインとコア・コンピタンスの明確化

◆イトー電器のドメインの明確化

　戦略分析で役員たちの問題意識の共有化と経営課題のヒントを確認でき、同じ土俵で経営方針を議論する土俵ができました。地ならしがほぼ終わり、ここから本格的に経営戦略を策定する段階に入ります。

　まず基本戦略の1つである**ドメインを明確化**しました。イトー電器は、家電を中心としたエレクトロニクス企業です。しかし、日常生活のソリューション（問題解決）を支援する企業としてドメインを定義しようと、役員たちは考えました。

　ソリューションという言葉は、多くの会社が使うようになってきました。しかし反対に役員たちは「当社ならではの差別化が重要だ」という意見も強く、ソリューションという言葉を使わないドメインの定義を考えました。

　「日常生活をもっと楽しくエンターテインメントを創造する事業」が、イトー電器の新しいドメインの定義です。これだけだと抽象的なので、下記のような細目を付記しました。

①時間節約型エレクトロニクス分野（家事洗濯の軽減）
②コミュニケーション型エレクトロニクス分野（対話型家電）
③情報型エレクトロニクス分野（モバイル、ユビキタス）
④環境家電、健康家電（省エネ、ヘルスケア）
⑤快適空間創造型家電（アロマ、癒し）
⑥上記周辺での新しい事業（多角化の視点）

◆イトー電器のコア・コンピタンスの明確化

　イトー電器の**コア・コンピタンス**は、戦略分析で確認されたもので合意が取れました。小型化技術、システムＬＳＩ技術、直販チャネルの３つです。これらのコア・コンピタンスはさらに強化しつつ、新製品や新規事業の武器にしようと話し合いました。

　役員会議はいい雰囲気に進められました。財前先生が、役員たちの自由奔放な意見を聴きながら、ときどき「皆さんがおっしゃりたいのは、要するにこういうことですね」とまとめました。すると役員たちは一同に「そうそう、そういうことです」と同意していました。

　役員たちはいろいろ頭の中で考えてはいるものの、「要するに」というまとめが下手なようです。以前、財前先生は「役員の皆さんは直感や洞察能力は高いが、論理能力がちょっとね」と笑いながら話したことがあります。

　いずれにしても、司会進行役のスキルは大切だなと、山口くんは感じました。ちなみに米国では、会議進行のプロフェッショナルとして、ファシリテーター（進行役、促進役）という専門分野があるそうです。

■イトー電器のドメインとコア・コンピタンス

日常生活をもっと楽しくエンターテインメントを創造する事業

①時間節約型エレクトロニクス分野（家事洗濯の軽減）
②コミュニケーション型エレクトロニクス分野（対話型家電）
③情報型エレクトロニクス分野（モバイル、ユビキタス）
④環境家電、健康家電（省エネ、ヘルスケア）
⑤快適空間創造型家電（アロマ、癒し）
⑥上記周辺での新しい事業（多角化の視点）

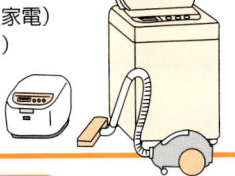

コア・コンピタンス

○小型化技術
○システムＬＳＩ技術
○直販チャネル

2　ターゲット市場、ターゲット顧客の明確化

◆イトー電器のターゲット市場の明確化

　イトー電器の**ターゲット市場**は、国内中心でしたが、欧米、BRICs（ブラジル、ロシア、インド、中国）をターゲット市場に加えることになりました。ただし、これらのターゲット市場に、さらに優先順位を付けることになり、国内、欧米、中国を高い優先順位としました。

　業界分野におけるターゲット市場についても議論しました。日用家電（掃除機、アイロン、空気清浄機など）、白物家電（洗濯機など）の従来のターゲット市場に加えて、健康器具（マッサージ機、ルームランナーなど）の市場をターゲットに加えました。

◆イトー電器のターゲット顧客の明確化

　ターゲット顧客では、ライフスタイルに合わせた顧客層を定義します。若年層、高齢者層、ファミリー層、独身者層などです。

　イトー電器では、子ども向けは対象外とし、18歳以上をターゲット顧客としました。子ども向けでは、バンダイや任天堂などの強者が市場を制覇しています。大人を対象としたエンターテインメント性が高い分野をターゲットとしました。日用家電、白物家電にも、ドメインであるエンターテインメント性を加えることで、他社と差別化するという意見にまとまりました。

3　KFS（主要成功要因）とビジネスモデルの明確化

◆イトー電器のKFSは海外生産を活用したコストリーダーシップ戦略

　イトー電器の新しい**KFS**を考えました。それは次のとおりです。
「新製品が値下がりする前に、短期間で大量に高価格で販売する。そ

れを可能にするために、世界同時生産・同時販売を実現する」

　実はまだこのＫＦＳは実現できていません。なにしろＧＥのジェフ・イメルト会長が「コモディティ・ヘル（commodity hell）という言葉を多用するほどに、企業間の技術力の差異がなくなり、どんなに先進的な製品も日用品化して価格競争、値引き合戦の末に地獄を味わうような時代です。並大抵のことではできないＫＦＳだとは思いますが、しかし、これが実現すれば、イトー電器は確実に高収益体質の企業に生まれ変わることができます。

■イトー電器のＫＦＳとビジネスモデル

> イトー電器の新しいＫＦＳ

- ▶新製品が値下がりする前に、短期間で大量に高価格で販売する。
- ▶それを可能にするために、世界同時生産・同時販売を実現する。

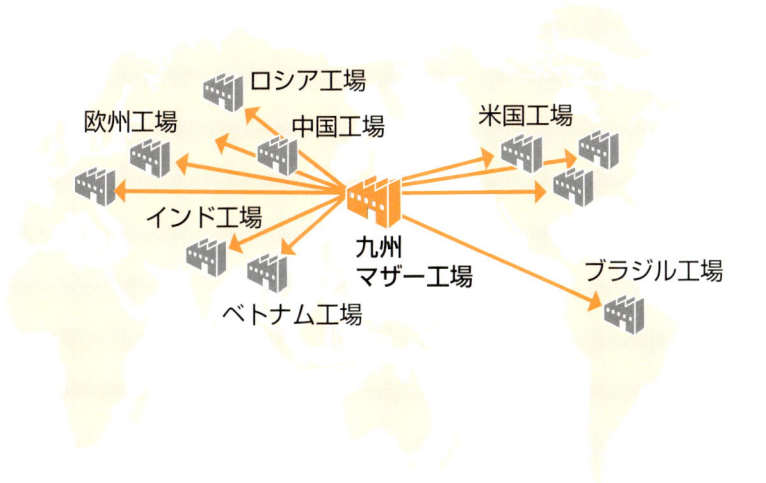

◆イトー電器の世界同時立ち上げのビジネスモデル明確化

　ＫＦＳを実現するため、ＫＦＳを含んだイトー電器のビジネスモデルを描いてみました。世界同時立ち上げのビジネスモデルです。

九州にマザー工場を建設します。九州であれば気候もよく、広大な土地が安価に手に入ります。また伊藤社長は、温泉好きで、湯量が多い九州がお気に入りです。

　九州のマザー工場では、世界の生産工場で同時生産できるまで、詳細設計と施策を行います。３Ｄ・ＣＡＤ（３次元コンピュータ自動設計）のデータを、電子データで世界中の工場に配信する体制を確立します。

　世界で同時生産、そして同時販売することで、新製品を一気に世界市場に投入できます。最先端の新製品を、鮮度が高いうちに短期間で売り抜けることで、値下がり前の高価格での売上を確保できるのです。

4　基本方針と計数計画の明確化

◆イトー電器の基本方針

　イトー電器の**基本方針**を議論しました。基本方針をひとことで表現すると「日常生活をもっと楽しくエンターテインメントを創造するエレクトロニクス分野でナンバーワンを目指す」です。具体的な内容と次の細目を付記することにしました。
「１．開発費の重点投資・知材投入によるオンリーワン商品の発売」
「２．世界同時生産・同時販売により、販売価格下落リスクを低減」
「３．海外市場の開拓・拡大」
「４．グループの更なる協働による総合力の発揮」
「５．国内のエンターテインメントニーズに合わせた事業展開」

◆計数計画（売上・利益計画）の立案

　経営戦略には、**計数計画**（売上・利益計画）が不可欠です。計数計画は目標です。計数計画を達成するために何をどうすべきかを考えます。

　計数計画は、経営戦略策定にメリハリを与えてくれます。

■イトー電器の基本方針

> 日常生活をもっと楽しくエンターテインメントを創造する
> エレクトロニクス分野でナンバーワンを目指す。

① 開発費の重点投資・知材投入によるオンリーワン商品の発売
② 世界同時生産・同時販売により、販売価格下落リスクを低減
③ 海外市場の開拓・拡大
④ グループの更なる協働による総合力の発揮
⑤ 国内のエンターテインメントニーズに合わせた事業展開

イトー電器は現在、社員3,200人、年商2,800億円です。3年後には、社員1人あたりの売上目標を1億円とすることを決めました。

社員の人数は大きく増やす予定がないという伊藤社長の方針のもと、3年後には年商3,200億円（前提：社員3,200人）という売上目標を定めました。利益目標については、5％を目標としました。現在は1％程度ですから、かなり高めの目標値です。しかし、競合が近年5％以上の経常利益を確保していることから、イトー電器としても5％という数字は譲れないという結論に達しました。

豆知識　現地生産、現地販売の加速

海外で製品を販売するためには、現地生産・現地販売が必要になりつつあります。販売したい地域の雇用を促進することで、販売がしやすくなるのです。自動車メーカーでは、１９９０年代から積極的に現地生産・現地販売を加速させています。

| フェーズ 3-4 | 機能別戦略の策定、重点施策の明確化 |

基本方針に基づいて戦略を具体化し、行動計画を立てる

(1) 10年後、3年後の

(2) 経営理念

(3) 戦略分析と解決で

(4) 基本戦略

──第2回目の合宿1日目──

伊藤「それでは、第2回目の合宿1日目を開催いたします」

財前「本日と明日の合宿で、基本戦略に基づいて機能別戦略、新規事業戦略、重点施策の明確化を行います。では、今回の合宿のスケジュールをご案内いたします」

【第2回目合宿1日目のスケジュール】
（1） 9：00～9：30……前回のレビュー
（2） 9：30～12：00……機能別戦略のたたき台の説明（全役員個別に）
（3） 13：00～17：00……機能別戦略の立案
（4） 17：00～18：00……新規事業戦略の立案（前半）
（5） 懇親会

【第2回目合宿2日目のスケジュール】
（1） 9：00～11：00……新規事業戦略の立案（後半）
（2） 11：00～12：00……重点施策のブレーンストーミング
（3） 13：00～16：00……重点施策の明確化
（4） 16：00～17：00……今後の推進スケジュール

伊藤「財前先生、ありがとうございました。では山口くん、前回の合宿資料をまとめたものを説明してください」

山口「すでに配付いたしております資料一式をご覧ください」

（以下の資料について山口くんが約15分間説明）

【資料一式】
（1） 10年後、3年後のあるべき姿
（2） 経営理念
（3） 戦略分析と解決すべき課題
（4） 基本戦略

財前「それでは、機能別戦略の討議に入ります。事前に全役員の方に作成してきていただいておりますが、まずは、商品開発担当役員からご説明をお願いいたします」

――第2回目の合宿2日目朝――

伊藤「おはようございます。合宿もいよいよ最終日を迎えました。お疲れのこととは思いますが、本日もよろしくお願いいたします」

財前「おはようございます。皆さん、昨夜の懇親会は新規事業の話で盛り上がりましたね。新しいことを始めるのは、何かワクワクしますよね。しかし、家電メーカーの御社が、インスタントラーメンや居酒屋チェーン事業はいけません（笑）」

伊藤「勘弁してください、先生。その2つの事業は大失敗で、深く反省していますから。ドメインでない分野に思いつきで多角化しても、うまくいかないことが身をもって体験できました。ところで山口くん、昨夜の懇親会で出た新事業のアイデアのメモの用意はできているかな」

山口「はい、ここにあります。今から皆さんにお配りします。川田さん、手伝って」

川田「かしこまりました」

（2人で手分けして新事業アイデアメモを参加者全員配付）

財前「ということで、今日はまず新規事業戦略を完成させましょう。それから、機能別戦略と新規事業戦略を実行する具体策として、重点施策にまとめていきます。重点施策は『要するに、何をするのか』を明らかにするものです。機能別戦略と新規事業戦略を横断的に結びつけ、実行計画につなげるものです」

伊藤「先生、この合宿が終わった後はどうすればいいのですか？」

財前「最後の1時間を使って、2回の合宿でできあがった経営戦略を、

どのように経営に定着させていくかを明確にしたいと思います」
伊藤「では、17時までよろしくお願いいたします」

idea memo

NG!
インスタントラーメン

NG!
居酒屋

レクチャー 3-4 イトー電器の機能別戦略と重点施策明確化

1 合宿の進め方手引き（2回目）

◆前回の合宿資料のとりまとめと、2回目の合宿の準備

　第1回目の合宿が無事に終わって、第2回目の合宿に向けた準備が始まりました。次回に向けた準備は、大きく3つあります。

　1つ目は、前回の合宿資料のとりまとめとして、経営戦略書の作成に着手します。コピー機能付きホワイトボードに手書きされた資料をもとに、パワーポイントで経営戦略書を作成します。計数計画まで合宿で検討したので、経営戦略書の前半部分はほぼ完成させることができます。後半部分は、第2回目の合宿で検討されます。

　2つ目は、合宿会場の手配です。会場、宿泊、パソコンや備品関係の準備を行います。すでに会場は予約してあるため、今回は確認程度で済みそうです。

　3つ目は、第2回目の合宿に必要な資料の作成です。合宿を有意義なものとするため、財前先生の指導のもと、合宿の進め方手引きの作成を行います。

　経営戦略をまとめたもの、合宿の進め方手引きは、次回合宿の1週間前までにとりまとめ、事前配付しておきます。なお、事前配付した場合、合宿当日に忘れてくる役員がいないともかぎらないので、予備を何部か用意しておくことです。

◆合宿の進め方手引きの作成

　第2回目の合宿は、次のような手順で進めることが決まりました。

「前回のレビュー」「機能別戦略のたたき台の説明」「機能別戦略の立案」「新規事業戦略の立案」「重点施策のブレーンストーミング」「重点施策の明確化」「今後の推進スケジュール」です。

　1日目の夜は、前回同様、やはり無礼講の懇親会としました。フリーディスカッションで本音の意見交換をします。そういうコミュニケーションの場は何度あってもかまいません。

■合宿の進め方手引き

合宿の進め方手引き（第2回目）

1. 日時・場所
   20XX年1月25日（金）9:00〜26日17:00（土）
   会場・宿泊　クロスウエーブ幕張

2. 目的
   経営戦略の策定（全2回の合宿の第2回目）

3. カリキュラム
   (1) 1／25　9:00〜9:30：前回のレビュー
   　　①前回のまとめ資料の説明　②質疑応答
   (2) 9:30〜12:00：機能別戦略のたたき台の説明
   　　①機能別に担当役員のたたき台説明　②質疑応答　③ディスカッション
   (3) 13:00〜17:00：機能別戦略の立案
   　　①商品戦略　②販売戦略　③生産戦略　④技術戦略
   　　⑤財務戦略　⑥海外戦略　⑦基盤戦略
   (4) 17:00〜18:00：新規事業戦略の立案（前半）
   　　①多角化分析のレビュー　②ディスカッション
   　　　－　懇親会　18:30〜22:30　宿泊　－
   (5) 1／25　9:00〜11:00：新規事業戦略の立案（後半）
   　　①新規事業候補の絞り込み　②新規事業の意思決定
   (6) 11:00〜12:00：重点施策のブレーンストーミング
   　　①重点施策のブレーンストーミング　②優先順位の確認
   (7) 13:00〜16:00：重点施策の明確化
   　　①重点施策の優先順位決定　②重点施策の明確化
   (8) 16:00〜17:00：今後の推進スケジュール
   　　①合宿のまとめ　②今後のスケジュール確認

2　12の機能別戦略と新規事業戦略

◆12の機能別戦略の選択

　第2回目の合宿では、基本方針に基づいてより具体的に戦略を明確化し、行動計画としての重点施策を明確化します。

　戦略を具体化する方法として、**機能別戦略**を立案します。機能別戦略は12項目の候補があります。すべての機能別戦略を考えるのは「選択と集中」の考えから外れます。そこで、重要な機能別戦略を数個ほど選択して深掘りします。

　選択から外れた機能別戦略は、その他の機能別戦略＝「基盤戦略」として一括でまとめます。基盤戦略とは、経営基盤強化のための戦略という意味で、広くとらえることができます。たとえば、仕入戦略、組織戦略、子会社・買収戦略などには基盤戦略という言葉がなじむでしょう。

　イトー電器では、重要な機能別戦略を6つ、選択しました。「商品・サービス戦略」「販売戦略」「生産戦略」「技術戦略」「財務戦略」「海外戦略」です。それ以外の機能別戦略については、基盤戦略として大くくりにし、重要な項目だけ取り上げました。

◆イトー電器の機能別戦略を立案する

　ではイトー電器の機能別戦略について考えてみましょう。

　まず「商品・サービス戦略」では、オンリーワン商品の早期開発、商品ラインナップ、サービス戦略の再構築、省エネ商品、環境対応製品のラインナップ強化を進めます。

　「販売戦略」では、ブランド力強化、世界販売チャネルの強化、広告媒体の活用、ターゲット顧客、拡販重点地区の明確化を進めます。

　「生産戦略」では、九州に世界同時生産のためのマザー工場を建設、世界同時生産・垂直立ち上げの実現、世界生産を可能にする部品調達シ

■12個の機能別戦略と新規事業戦略

- ●★印は、今回イトー電器が重点化した機能別戦略
- ●重点化されなかった機能別戦略は「基盤戦略」としてまとめる
  （基盤戦略＝経営基盤強化のための戦略）

ステムの再構築を進めます。

「技術戦略」では、３Ｄ・ＣＡＤ活用による試作回数半減、小型化技術とシステムＬＳＩを活用した新製品開発、デファクト・スタンダード化、コア技術の強化、技術提携戦略、特許戦略を進めます。

「財務戦略」では、株式市場からの資金調達力の強化、ＩＲ活動の充実、キャッシュフロー経営、遊休資産活用、連結会計の強化、借入金の圧縮を進めます。

「海外戦略」では、現地生産・現地販売のグローバル化戦略の推進、世界最適の戦略（生産・販売・物流・仕入）、現地法人との資本提携の強化を進めます。

そして、その他の機能別戦略としての「基盤戦略」で、情報基盤の強化（社内インフラ、情報発信、情報セキュリティ）、サプライチェーンマネジメントの推進による在庫半減、グループ経営の強化、コーポレートガバナンスの強化を進めます。

■**イトー電器の機能別戦略**

商品・サービス戦略	○オンリーワン商品の早期開発 ○商品ラインナップ、サービス戦略の再構築 ○省エネ商品、環境対応製品のラインナップ強化
販売戦略	○ブランド力強化 ○世界販売チャネルの強化、広告媒体の活用 ○ターゲット顧客、拡販重点地区の明確化
生産戦略	○九州に世界同時生産のためのマザー工場を建設 ○世界同時生産、垂直立ち上げの実現 ○世界生産を可能にする部品調達システムの再構築
技術戦略	○3D・CAD活用による試作回数半減 ○小型化技術、システムLSIを活用した新製品開発 ○デファクト・スタンダード化、コア技術の強化、技術提携戦略、特許戦略
財務戦略	○株式市場からの資金調達力の強化、IR活動の充実 ○キャッシュフロー経営、遊休資産活用 ○連結会計の強化、借入金の圧縮
海外戦略	○現地生産・現地販売のグローバル化戦略の推進 ○世界最適の戦略（生産・販売・物流・仕入） ○現地法人との資本提携の強化
基盤戦略	○情報基盤の強化（社内インフラ、情報発信、情報セキュリティ） ○サプライチェーンマネジメントの推進による在庫半減 ○グループ経営の強化、コーポレートガバナンスの強化

3 新規事業戦略を具体化する

◆**PMマトリックスから有望な新規事業を絞り込む**

　機能別戦略には、新規事業戦略が入っていなかったので、新規事業戦略についても考える必要があります。新規事業を考えるために便利なのが**PMマトリックス**です。

　PMマトリックスで、製品（事業を含む）と市場を、既存と新規に分けて作成しました。あくまで候補と割り切って、自社に可能性がある新製品や新規事業を書き込んでいきます。一通り書き尽くしてから、取り

◆取り組むべき新規事業を選択する

　イトー電器では、PMマトリックスを作成して、最終的に3つの新規事業を進めることにしました。1つ目は、ロボット掃除機の新規事業開発です。2つ目は、ネット家電のコンセプト確立と新規事業の準備です。3つ目は、シニア向け家電のコンセプト確立と新規事業の準備です。

　ロボット掃除機の新規事業開発は実際に新規事業としてスタートしますが、残りの2つの事業（ネット家電、シニア向け家電）については、1年間でコンセプト確立と新規事業の準備までを進めることにしました。実際に新規事業として積極的投資をするのは来年以降とし、1年後の経営戦略策定において積極的投資の可否を意思決定することにしました。

■イトー電器の新規事業の探索

市場 ＼ 製品	既存 製品・事業	新規 製品・事業
既存　市場・顧客　販売チャネル	○掃除機、アイロン、空気清浄機 ○マッサージ機、暖房機、電話機 ○プリンター、パソコン周辺機器 ○白物家電 ○デジタル家電 ○調理器、炊飯器、電気ポット	○省エネ向上製品 ○ネット家電 ○全自動家電 ○シニア向け家電 ○富裕層向け高級家電 ○ロボット掃除機
新規　市場・顧客　販売チャネル	○海外向け直販チャネル ○BRICs市場への販売拡大 ○受注生産による在庫レス	○フィットネス家電 ○ネット銀行 ○アフェリエイト広告事業 ○ベンチャー育成事業

　　　　　　　　　　　　　　　↓

　○ロボット掃除機の新規事業開発
　○ネット家電のコンセプト確立と新規事業の準備
　○シニア向け家電のコンセプト確立と新規事業の準備

4 重点施策の明確化

◆イトー電器の重点施策の明確化

　機能別戦略の議論を踏まえて、イトー電器の**重点施策**をまとめました。

　1つ目は、世界販売体制の強化です。世界同時販売体制により、新製品を短期間で売り抜ける体制を強化します。海外マーケティング戦略の再構築、販売現地法人の資本提携強化、現地法人設立、販売情報システムの強化を推進します。

　2つ目は、世界同時生産体制の強化です。世界同時生産体制により、新製品を短期間で世界中に配給する体制を確立します。九州にマザー工場建設、海外生産対応の設計標準化、生産品質の向上、組立・材料費のコストダウンを推進します。

　3つ目は、3D・CAD活用による試作回数半減です。3D・CADにより、試作回数を3回から1回に削減し、開発期間も短縮します。設計業務の新フロー作成、デザイン評価をCADに代用、CAD図面によるデザインレビュー、設計情報のデータベース化を推進します。

　4つ目は、資金調達力の強化とIR活動の充実です。株式市場からの資金調達力を高め、M&Aや投資資金調達力を強化します。IR活動のスケジュール明確化、広報室の開設、幹事証券会社との連携強化、成長戦略のシナリオ作りを推進します。

　5つ目は、ロボット掃除機の新商品開発です。コア技術を活かした新規事業として、対話型ロボット掃除機を開発します。対話型技術の開発、アライアンスによる技術提携、ロボット掃除機の開発、生産・販売体制の確立を推進します。

■重点施策の実行スケジュールの明確化

テーマ	推進部門	ねらい	重点課題	スケジュール XX/上	XX/下	XX/上	XX/下	XX/上	XX/下
世界販売体制の強化	本社海外	世界同時販売体制により、新製品を短期間で売り抜ける体制を強化	①海外マーケティング戦略の再構築 ②販売現地法人の資本提携強化 ③現地法人設立(ロシア、ブラジル) ④販売情報システムの強化	→ 	→ 	 → 	 → 	 →	
世界同時生産体制の強化	生産技術	世界同時生産体制により、新製品を短期間で世界中に配給する	①九州にマザー工場建設 ②海外生産対応の設計標準化 ③生産品質の向上 ④組立・材料費のコストダウン	→ 	 → 	 → 	 	 → 	 →
3D・CAD活用による試作回数半減	技術	3D・CADにより、試作回数を3回から1回にする	①設計業務の新フロー作成 ②デザイン評価をCADに代用 ③CAD図面によるデザインレビュー ④設計情報のデータベース化	→ 	 	 → → 	 	 	 →
資金調達力の強化、IR活動の充実	財務総務	株式市場からの資金調達力を高め、M&Aや投資資金調達力を強化	①IR活動のスケジュール明確化 ②広報室の開設 ③幹事証券会社との連携強化 ④成長戦略のシナリオ作り	→ →	 → 	 → 			
ロボット掃除機の新商品開発	営業技術PJ	コア技術を活かした新規事業として、対話型ロボット掃除機を開発する	①対話型技術の開発 ②アライアンスによる技術提携 ③ロボット掃除機の開発 ④生産・販売体制の確立	→ → → →					

◆重点施策をプロジェクト（ＰＪ：Project）で推進する

　重点施策は、推進部門を決定し、スケジュール化します。別途、重点施策の実行計画書を作成すると、確実な実行につなぐことができます。

　重点施策をプロジェクト（ＰＪ）で推進する方法もあります。プロジェクトとは「特定の目的を達成するために結成された臨時組織による活動」です。特に新規事業開発、新製品開発は、プロジェクトで推進することが効果的です。

　イトー電器でも、「ロボット掃除機の新商品開発」をプロジェクトで推進することが決定されました。

豆知識　日本企業が弱い機能別戦略

　日本企業では、機能別戦略に関心が低いようです。「御社の商品戦略は何ですか？」「御社の販売戦略は何ですか？」「御社の技術戦略は何ですか？」などと聞いても、管理職の多くが即答できないのが現状ではないでしょうか。

豆知識　「やったほうがいい」は、「やらなくてもいい」と同じ

　人間は欲ばりです。あれもこれもと手を広げがちです。「やったほうがいいですよ」とよく言うのですが、「やらなかったらどうなのですか」と聞き返すと、「やらないより、やったほうがいい」という返事が返ってきます。しかし、気休めにやっても時間のムダです。「やったほうがいい」と考える前に、「やらなかったら何が困るのか」を先に考えましょう。致命的に困ることがなければ、やらなくてもいいのです。余った時間を、本当にやらなければいけないことに使えばいいのです。

column 3

撤退戦略も重要な戦略の1つ

　数年前、学習塾のフランチャイズに加盟したことがあります。小中校生中心の、大阪に本部がある学習塾チェーンです。350万円の加盟金を支払って、江東区（東京都）に開塾することにしました。

　2月開校の予定で、前年の12月に塾長研修会に参加。参加者の1人から「どちらで開塾ですか？」と訊かれ、「江東区です」と答えました。

　すると、江東区のどの辺でしょう？　と驚いたように尋ねられ、わたしが地図を指さすと、「すぐそばで自分も開業します」という答え。同じ江東区で、それも1kmと離れていないところに競合があるとわかり、頭の中が真っ白になりました。新聞の折り込みチラシは完全に重複するし、小中学校の学区も同じ……。完全な共食い状態です。

　当然、研修を担当していた役員に掛け合いはしましたが、わたしはそのときすでに「撤退」を決意していました。というのは、競合となる彼はすでに電話番号1149番（「いい塾」の語呂合わせ）を取得し、小中学校の名簿を入手し、さらに電信柱に学習塾の広告を貼り出す契約までしていたのです。わたしはまだ何も準備していませんでした。

　戦略家としては、いかに被害を最小限にして撤退するかが腕の見せどころだと、頭を切り替えました。「敵の弱みにつけ込め」という戦略の定石があります。学習塾チェーンの役員の弱みは、商圏が完全に重なる場所での開塾を認めてしまったこと。

　「商圏の重複はまずいでしょう。わたしが撤退します。これ以上、文句は言いません。その代わり、黙って加盟金を全額返してください」

　かくして加盟金は全額返却されたので、被害は微少にとどまりました。撤退に後悔はしていません。むしろ、早く決断してよかったと思っています。その開業した人の塾は2年半後に撤退しました。

第4章

新商品のマーケティング戦略の策定

本章のストーリー

フェーズ 4−1／新規事業戦略メンバーに大抜擢、マーケティング勉強会開始
フェーズ 4−2／リサーチ開始
フェーズ 4−3／ターゲットの明確化
フェーズ 4−4／マーケティングのしくみを考えよう

本章で学ぶこと

レクチャー 4−1／マーケティング戦略の基礎
レクチャー 4−2／リサーチ（市場調査）とマーケティング目標の設定
レクチャー 4−3／ターゲット顧客を明確にするためのSTPマーケティング
レクチャー 4−4／売れるしくみ作りのためのマーケティング・ミックス

本章のあらすじ─────*the Outline of Chapter 4*

　未知の新規事業に安易に進出すると、マーケティングの障壁が大きく立ちふさがります。そうした反省からイトー電器は、既存事業であり得意分野である小型家電領域の革新的な製品作りと、それを売るためのしくみ作りに取り組むことになりました。今回も新規事業企画を社内公募しましたが、前回とは違って「これならわが社の力をもってすれば新市場を切り開けるかも……」と期待を抱かせる提案が多数寄せられ、その中から「対話型お掃除ロボット」の開発に取り組むことが経営会議で決まりました。

　2度の合宿研修における討議を経て戦略固めのできた経営企画室スタッフの関心も、マーケティングへと移っていきます。伊藤室長と山口くん、川田さんは新規事業戦略プロジェクトのメンバー兼務ということになりましたが、財前先生との勉強会はもう少し続きます。

| フェーズ 4-1 | 新規事業戦略メンバーに大抜擢、マーケティング勉強会開始 |

「まず顧客ありき」から、売れるしくみを考える

──経営戦略の立案は無事終了し、実行段階へ──

（伊藤室長のほか山口くん、川田さんも、「対話型お掃除ロボット」の新商品の企画とマーケティング戦略立案のメンバーに大抜擢された）

伊藤「いやあ、これから忙しくなるよ。『対話型お掃除ロボット』を1年半後に販売することが決定されたんだ」

山口「どのようなマスタースケジュールになるのですか？」

伊藤「最初の半年間で商品企画とマーケティング戦略を策定し、続いて1年かけて商品開発と販売開始へ。まずは新商品の企画とマーケティング戦略を立案し、その後開発チームの立ち上げになるな」

山口「1年半は、長いようで短いですね」

川田「でも、こんなにワクワクできる仕事を与えられて幸せだわ」

伊藤「君たちはもうわかっているだろうが、自動で動くロボット制御技術も、対話型のコンピュータ技術も、現在のわが社にはない。しかし、掃除機の販売力やブランド力はわが社がナンバーワンだから、売るほうには自信がある」

山口「販売チャネルが活用できれば、新商品開発のリスク軽減ができますね」

伊藤「そうだね」

川田「すでに技術を持っている会社を調べておきました」

山口「ちょっと見せてくれる。（資料をのぞき込みながら）なるほど、これがアライアンスの候補企業になるわけだな」

（財前先生が来社）

財前「おはようございます」

伊藤「おはようございます。先生、新しい局面に入りますが、マーケティング戦略のほうもよろしくお願いいたします」

財前「ついさっき、社長からコンサルティングの継続契約の依頼を受けたところです。『夢を形に』も大切ですが、『夢をお金に』して、稼

がないと苦労が報われませんね」

伊藤「はい。社長から、ふたこと目には『結果を出せ！』とハッパをかけられています。先生、ワラにもすがる気持ちですよ、私は」

財前「では、すがるべき、頼りになるマーケティングの勉強を今日から始めます」

伊藤ほか一同「よろしくお願いいたします」

財前「マーケティングは"売れるしくみ作り"と言い換えることができます」

山口「販売とは違うんですか？」

財前「販売とマーケティングは全く異なる概念になります。販売は英語でselling、すでにある製品の在庫を減らすために売ることに専念するのがセリングです。これは、一歩間違うと押し売りになってしまいます。しかし、最近は押し売りしたって誰も買ってくれません。かえってお客様は逃げていってしまいます」

川田「たしかに、商売のにおいがする営業の話は誰も聞きたがらないですよね」

財前「そう。だから、マーケティングの時代なんです。押し売りしなくても、お客様が喜んで買ってくれる"売れるしくみ作り"が大切なのです」

山口「具体的にはどうすればいいんですか？」

財前「お客様とコミュニケーションすることです」

山口「コミュニケーション？」

財前「そう、コミュニケーション、つまりは双方向の情報交換です。一方通行では押し売りのセリングになってしまう。お客様に情報提供し、そしてお客様の声に耳を傾けて、情報を双方向に交換することがコミュニケーションなんです」

山口「はい、イメージがつかめました」

財前「お客様の声を聞くことで、ニーズやクレームを、商品企画に反映していくことが大切ということです」

川田「お客様の不満足に関する情報を受け止めるのですね」

財前「もちろんです。商品企画の段階から、マーケティングは始まっているのです」

山口「マーケティングはどのような手順で進めていけばいいのですか？」

財前「お、いい質問ですね、山口くん。順番的にはまずリサーチで、２番目がマーケティング目標の設定、３番目がＳＴＰマーケティング。これはターゲットの明確化ということ。で、４番目がマーケティング・ミックス、つまり４Ｐの明確化ですね」

山口「ＳＴＰとは何ですか？」

財前「これから話します。あわてずにいきましょう。山口くん、マーケティングがわかってくると、君はきっと恥ずかしくなってきますよ。よくインスタントラーメン事業なんてバカなことを考えたなって。イトー電器にとっては論外な新規事業でしょう」

山口「先生、その話はもうご勘弁を。十分反省いたしております」

レクチャー 4-1 マーケティング戦略の基礎

1 マーケティングとは

◆マーケティングとセリングの関係

マーケティングは、「売れるしくみ作り」と呼ばれています。売れるしくみをいかに構築するかは、マーケティングが目指すところです。

では営業部門には、マーケティングが十分機能しているのでしょうか。営業部門の多くは、マーケティングではなく「セリング（販売）」に注力しています。セリングとは「売り込む手段」です。マーケティングとセリングは、そもそも出発点が異なります。

マーケティングは顧客から考えます。顧客は何を求めているか、ニーズにマッチした製品・サービスを提供するためにはどうするか、顧客主体の考え方を中心に置きます。情報は双方向にして顧客に情報を伝える一方、顧客の声に耳を傾けることで、顧客とのコミュニケーションを大切にします。

一方、セリングは「まず企業ありき」から出発します。まず製品・サービスありで、いかに目の前の製品を売り切るかにエネルギーを集中します。セリングは営業力強化であり、企業主体の考え方です。情報は企業の一方的な情報提供です。広告を大量に打つことが成功要因であると考えるのは、セリングの発想です。

◆マーケティングと経営戦略の関係

マーケティングの構成要素に **4 P**（Product、Price、Place、Promotion）があります。経営戦略の機能別戦略に4Pをあてはめてみ

■マーケティングとセリングの違い

セリング（販売）

出発点 企業

- まず製品・サービスありき
- 営業力強化
- 企業主体の考え方

情報 一方通行

- 企業の一方的な情報提供
- 企業→チャネル→顧客

売り込む手段

マーケティング

出発点 顧客

- 顧客は何を求めているか
- ニーズにマッチした製品・サービスを提供するためにはどうするか
- 顧客主体の考え方

情報 双方向（コミュニケーション）

- 顧客に情報を伝える
- 顧客の声に耳を傾ける

売れるしくみ作り

機能別戦略

- 商品・サービス戦略 ★Product
- 販売戦略 ★Place
- 情報戦略 ★Promotion
- 仕入戦略
- 流通・在庫戦略
- 生産戦略
- 価格戦略 ★Price
- 技術戦略
- 財務戦略
- 組織戦略
- 子会社・買収戦略
- 海外戦略

マーケティングの4P

- Product（製品）
- Price（価格）
- Place（販売チャネル）
- Promotion（販売促進）

ると、商品・サービス戦略（Product）、販売戦略（Place）、情報戦略（Promotion）、価格戦略（Price）に該当します。

　すなわち、マーケティングは経営戦略の一部なのです。「売れるしくみ作りにより売上をあげる戦略」と言い換えることもできます。企業の存続は、売上がなければ成り立ちません。マーケティングは売上をあげる戦略として、経営戦略の重要な構成要素なのです。

2 マーケティングの概要手順

◆マーケティングプロセス

　マーケティングはどのような手順で戦略を構築していくのでしょうか。**R→目標設定→ＳＴＰ→ＭＭ（４Ｐ）**という順番を覚えておくと便利です。

　まずR（調査、リサーチ）を行い、顧客ニーズや市場動向を把握します。そして、市場規模や売上高などの基礎データが収集できれば、マーケティング目標を設定することができます。

　マーケティング目標が決まったら、マーケティング目標を達成するために、マーケティング戦略が構築されます。マーケティング戦略は、ＳＴＰマーケティングとマーケティング・ミックス（MM：Marketing Mix）の２段階に分けることができます。

　マーケティングがわかりにくいという人はおおむね、マーケティング戦略にこの２段階があるということを理解していません。まずＳＴＰマーケティングで、ターゲット顧客を明確化し、そしてマーケティング・ミックスで、売れるしくみを構築するのです。

　マーケティングの４つのP（Product、Price、Place、Promotion）は、マーケティング・ミックスを構成する構成要素です。ミックス（Mix）には、組み合わせるという意味があります。４Pをうまく組み合わせる

ことで、売れるしくみを最大化するという意味があります。

■マーケティングの推進手順

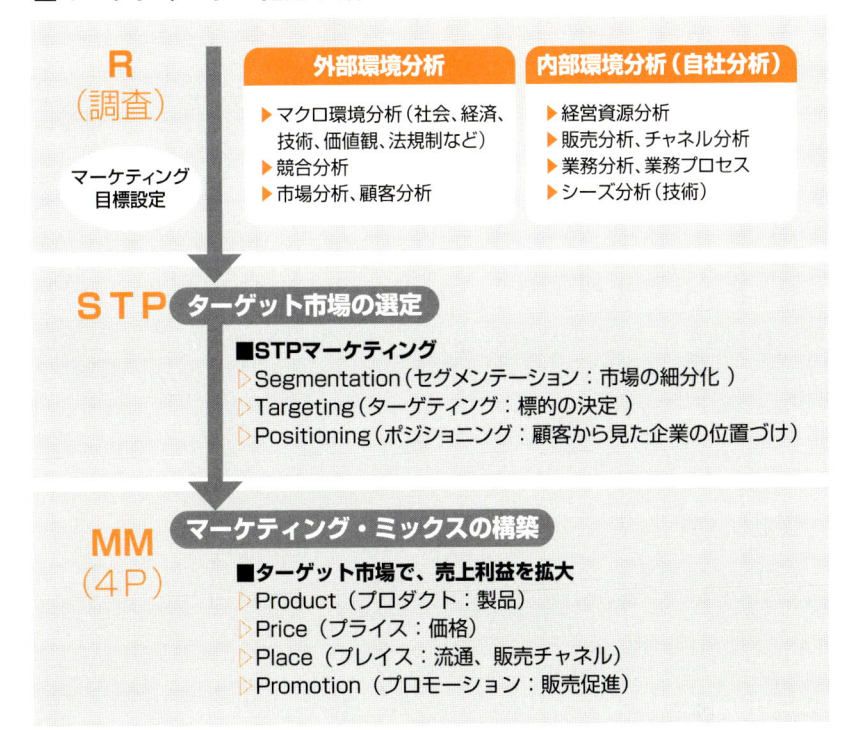

R（調査）
マーケティング目標設定

外部環境分析
- マクロ環境分析（社会、経済、技術、価値観、法規制など）
- 競合分析
- 市場分析、顧客分析

内部環境分析（自社分析）
- 経営資源分析
- 販売分析、チャネル分析
- 業務分析、業務プロセス
- シーズ分析（技術）

STP　ターゲット市場の選定

■STPマーケティング
- Segmentation（セグメンテーション：市場の細分化）
- Targeting（ターゲティング：標的の決定）
- Positioning（ポジショニング：顧客から見た企業の位置づけ）

MM（4P）　マーケティング・ミックスの構築

■ターゲット市場で、売上利益を拡大
- Product（プロダクト：製品）
- Price（プライス：価格）
- Place（プレイス：流通、販売チャネル）
- Promotion（プロモーション：販売促進）

◆インスタントラーメンの新規事業の反省

ではイトー電器のインスタントラーメンの新規事業はなぜ苦戦したのでしょうか。

マーケティングの4Pをうまく組み合わせることができなければ、売れるしくみは作れません。4Pそれぞれについて考えてみましょう。

1つ目の製品（Product）は、今までにない技術を入手して製品を作っているということ。他社に比べて、製品品質が劣っていた可能性があります。

2つ目の価格（Price）では、価格設定に無理があったかもしれません。先行投資が大きいので、製造コストや販売コストが先行企業より高くついたことでしょう。コストが高すぎて、粗利が稼げないので儲からない状態になっていたと考えられます。

　3つ目は販売チャネル（Place）ですが、インスタントラーメンでは家電と全く異なる販売チャネルが必要になります。新しく販売チャネルを開拓するには、コストと時間がかかります。販売チャネルの開拓に苦戦することは容易に想定できます。

　そして4つ目の販売促進（Promotion）では、販売促進費用を十分かけられなかったことが想定されます。売れないから儲からない、売れてもコストが高いから儲からない。その結果、販売促進に費用をかけるゆとりなどない、という悪循環が考えられます。

　4Pすべて総括して、未知の新規事業に安易に進出すると、マーケティングの障壁が大きく立ちふさがる、ということになります。

　そうした反省点から、イトー電器が新事業とすべきは同社の本業であり得意分野である小型家電領域であるべきだと言えます。

ウラ技　ターゲットを特定しない全方位型マーケティング

　ターゲット市場、ターゲット顧客を絞り込むことは、選択と集中の視点からも重要です。しかし、あえてターゲットを特定しない全方位型マーケティングもあります。マクドナルドやコカコーラは、全世界・全人類をターゲットとしています。このような全方位型マーケティングが可能になるのは、強大な資本力と、強大なブランド力の双方を持ち合わせた企業に限られます

| フェーズ 4-2 | リサーチ開始 |

今後の市場の動きや技術的に実現可能かを調べる

――マーケティングの第1回勉強会後、山口くんと川田さんの会話――

山口「まずはリサーチだね」

川田「財前先生はそうおっしゃっていたわね。でも、お掃除ロボットの場合、何を調べればいいのかしら」

山口「当然、掃除機市場について調べないといけないね。それから、どのようなロボット技術が使えるのかということだな」

川田「ロボットについては自動制御技術はもちろん、対話型のコンピュータ技術も必要になってくるわ」

山口「川田さん、さっきアライアンスが必要だって言っていたね。資料も一通り集めていたみたいだし……」

川田「ええ。でもまだ表面的な部分しか調査できていません。対話型お掃除ロボットに使えるかどうか、実際に足で稼いで調べないといけませんね」

山口「外回りのリサーチは任せておいて。体育会系出身だからね、僕は」

川田「体力勝負になると俄然、元気が出てきますね。足で稼ぐ調査はお任せするとして、あと、定量的なデータも必要です。競合他社とのシェア（市場占有率）とか、売上データなどなど」

山口「マーケティング目標を設定するとか、財前先生も言っておられたね」

川田「やることが見えてくると、こうしちゃいられないって感じになりますね。さあ、リサーチの計画を、もっと詳しく考えましょう」

山口「ＯＫ！　がんばろうぜ、お互いに」

■第4章■新商品のマーケティング戦略の策定

レクチャー 4-2 リサーチ（市場調査）と マーケティング目標の設定

1 市場リサーチ

◆掃除機の市場規模と今後の市場の予測

　ロボット掃除機の新商品開発のために、掃除機の市場規模とイトー電器の販売台数をリサーチしました。全国販売では年間1,000万台前後を推移しています。一方、イトー電器の売上はここ3年間、ジリ貧傾向が顕在化しています。ここで、画期的な新商品を開発して、掃除機市場に新風を吹き込ませたいところです。

　ロボット掃除機だけで100万台以上を売り上げることは困難です。しかし、既存の掃除機への宣伝効果が大きくなるはずです。ロボット掃除機でイトー電器のブランド力を復活させ、既存掃除機の売上増で利益を上げる戦略です。

◆ロボット市場のリサーチ

　イトー電器では、全自動型のロボット掃除機の開発を想定しています。また、人とコンピュータが会話できるコミュニケーション型を目指しています。そこで、山口くんと川田さんは、歩行用ロボット技術とコンピュータ・コミュニケーション技術の先進企業や研究機関を調査しました。公的研究機関、大手自動車メーカー、大学、ベンチャー企業などは、最先端技術の研究の宝庫です。

　単なる調査にとどまらず、技術レベルの高さ、提携可能性の評価も行いました。そして、どの組織とアライアンスが組めそうかと、リサーチを重ねました。また有望な組織をいくつか訪問して、アライアンスの可

能性を打診しました。

■掃除機の市場規模とイトー電器の販売台数

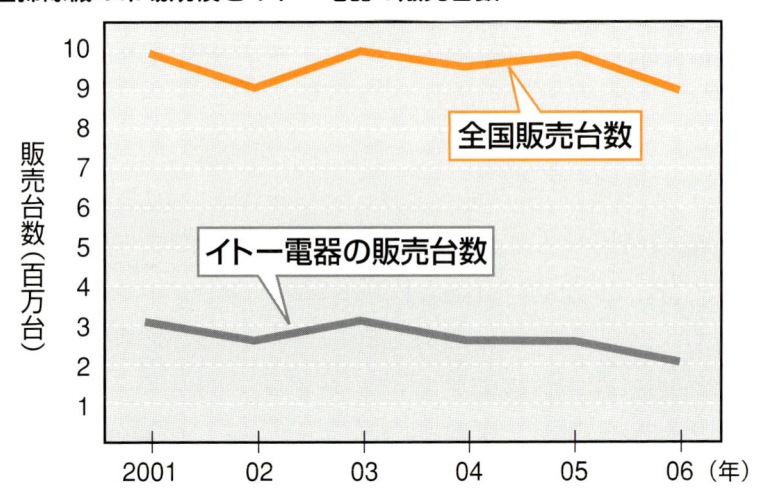

（グラフ：縦軸 販売台数（百万台） 1〜10、横軸 2001〜06（年））
- 全国販売台数
- イトー電器の販売台数

■■ロボット技術のリサーチ

ロボット技術	先進企業、研究機関	提携可能性
歩行用ロボット	S研究所	高い
	T社	低い
	H社	低い
	F社	中程度
	S大学	高い
	R大学	高い
コンピュータによるコミュニケーション	A社（ベンチャー）	高い
	B社（ベンチャー）	高い
	C社（ベンチャー）	高い
	D社（情報システム系）	高い
	E社（競合）	低い

2 製品コンセプトの仮設定とマーケティング目標の設定

◆製品コンセプトの仮設定

　リサーチによって技術的な実現可能性、アライアンスの可能性が明確になりました。それに続いて実現可能なロボット掃除機の製品コンセプトを仮設定しました。

　対話型全自動お掃除ロボット『ロボ太郎』です。人とコンピュータが対話できるので、ペット代わりになります。独身者、高齢者の一人暮らしにも最適です。もちろん、ファミリーでも楽しめる、エンターテインメント型お掃除ロボットなのです。

　お掃除は全自動制御です。リモートコントロールのスイッチをオンにすれば、自分で掃除を始めて、自分で充電器のところまで移動して収納されます。キャッチフレーズとして、「あなたの心の悩みも、コミュニケーション（対話）機能でお掃除するお掃除ロボット」を考えました。

■ロボット掃除機の製品コンセプト

対話型全自動お掃除ロボット
ロボ太郎
kashikomarimashita

ペット代わりに
1台どうぞ
あなたの心の悩みも
お掃除します

◆製品コンセプトに基づくヒアリング調査

　さて、商品コンセプトができたからといって満足してはいけません。顧客の声に耳を傾けるマーケティングの発想が重要です。そこで、商品コンセプトを仮設定として、商品コンセプトのレベルアップのために、ヒアリング調査を実施しました。

　対象者は20代～60代の年代別に、男女各10名ずつ、総勢100名。商品コンセプトを見せて、買う気になるかならないか、買うとしたらいくらなら買うか、どのような機能があるとうれしいかなどを、対面式でヒアリングしました。このヒアリング調査は、今後の商品仕様やマーケティング戦略に活かしていきます。

◆マーケティング目標の設定

　リサーチ結果は、かなり好感度が高いものでした。15万円くらいなら買いたいという人が約15％いました。

　ロボ太郎は、価格帯に合わせて3タイプを想定しました。まず低価格帯の商品を販売し、ある程度数量を伸ばします。その後順次、高価格品を発売していきます。低価格帯タイプは15万円前後に設定しようと考えています。

　販売台数は、1年後月間2,000台。2年後年間3万台、3年後年間5万台としました。なお、2年目に3万台売れた場合、出荷単価10万円として、10万円×3万台＝30億円の年商規模になります。

　収支計画として、2年目に単年度黒字を達成させたいと思います。また、3年目には累積赤字を一掃させる目標を立てました。

■ロボット掃除機の販売計画

発売開始後		1か月	2か月	3か月	4か月	5か月	6か月	7か月	8か月	9か月	10か月	11か月	12か月	2年目	3年目
機種別台数(台)	A型	100	200	200	300	400	500	700	800	1000	1000	1000	1000		
	B型				100	200	200	300	400	500	600	600	600		
	C型								100	200	200	300	400		
	合計	100	200	200	400	600	700	1000	1300	1700	1800	1900	2000	年3万	年5万
収支(百万円)		-20	-18	-15	-15	-12	-12	-10	-8	-5	-5	-2	-2	+30	+250

※2年目に単年度黒字、3年目に累積赤字一掃

豆知識 リサーチ会社に調査を委託する

　手間をかけないでリサーチするために、リサーチ会社に調査を委託するのも一案です。ただし、自ら足で稼いだ情報のほうが、実感のある情報が得られます。

ウラ技 商品コンセプトを見せて顧客の反応を把握する

　商品コンセプトとデザインサンプルを見せて、ヒアリング調査をすると、顧客の反応をよりよく把握することができます。

| フェーズ 4−3 | ターゲットの明確化 |

ねらい定めた顧客層にジャストミート！

――マーケティング・リサーチを終えて――

山口「先生、調査データをまとめました」

財前「お、山口くん、張り切ってるね。何がわかりましたか」

山口「お掃除ロボット、かなり好感度が高かったです。放っておいても勝手にお掃除して、充電まで自分でするのがいいみたいです。最近はリビングや洋室など、フローリングが増えています。神経質、いや繊細な人は、フローリングの上にうっすらできるほこりの膜でさえ気になるというのです。あるお客様に、1週間くらい溜まってから掃除すればいいじゃないですかと言うと、『そんなほこりっぽいところに住む人の気が知れない』と白い目で見られましたよ。毎日、フローリングを拭き掃除しないと気が済まない人には、とても魅力的な製品みたいです」

財前「それはいい情報を集めたね。郵送によるアンケートだけでなく、ヒアリングによる対面調査の賜だね。あと、対話型に対する意見は何かなかったですか」

山口「はい。対話型には、多くの独身女性が魅力を感じていました。ペットを飼いたいけど、旅行に行けなくなる。ペット代わりに何か欲しいという意見です。また、ペットをすでに飼っている人は、犬や猫の毛玉をお掃除ロボットが回収してくれるのは、とても魅力的だと言っていました」

財前「なるほど。しかし、いくらなら、お掃除ロボットを買ってもいいという意見も大切だね。金額など、より具体的にアンケートやヒアリングをするといいんだけど」

山口「アンケートでは10万円以内でした。しかし、お掃除ロボットの性能を対面で説明すると、20万円くらいでも買うという意見でした。ペットのように双方対話型だと、30万円でも買いたいという人が40％以上いました」

財前「具体的な数値がわかると、マーケティング目標の設定や価格設定にも役に立つね。では、マーケティング目標を設定しよう」

山口「売上目標ですね。新製品発売2年後には、月額2億円、年間24億円の売上を目指せと言われています。1台20万円とすると、月額2億円を売り上げるためには、月間1000台の売上台数が必要です」

財前「1台20万円というのは、販売価格ですか？」

山口「はい、そうです」

財前「山口くん、君はまだまだ甘いところがありますね。お客様が20万円払っても、販売店にマージンを取られます。それから、20万円で売ろうとしても、せいぜい15万円くらいでしか売れない。だから、メーカーのイトー電器に入る実収入は10万円と見たほうがいいですね。売価設定20万円と想定した場合、2年後に月間2000台を想定しておいたほうがいいでしょう」

山口「なんだかおかしいなと思ってましたが、そうか、販売店のマージンを考慮に入れていなかったんだ。また、ポカをやっちゃいました」

（あきれ返って話題を変える財前先生）

財前「さて、ターゲットを決めましょう。高い商品だから、きちんとニーズにジャストミートさせないと買ってもらえないよ。ある程度販売台数が増えるまでは、高価格で売るしかない。だから、まずは医者や会社役員のセレブ層とか、芸能人などの話題性が高い層をターゲットに考えましょう。また、クチコミや女性雑誌を賑わせるために、独身女性をターゲットとしてねらいます。ゴミに敏感な独身女性も、日本にはかなり多いと思われますね」

山口「わかりました。なんか、先が見えてきたような……」

財前「まだ早いですよ。ほんとうに君はせっかちというのか、能天気というのか」

山口「先生、今のは冗談です。マーケティングの進め方手順からいくと、

マーケティング目標の設定が最初、次がＳＴＰマーケティングで、ターゲティングはそのうちの１つだからまだ道半ばまで来ていませんね。先生、引き続きご指導・ご支援をお願いします」

財前「なんだ、わかっていたのですか。まあ、冗談を言う余裕が出てきたのはいいことです。では、先に進みましょう」

レクチャー 4-3 ターゲット顧客を明確にするためのSTPマーケティング

1 STPマーケティングでターゲット顧客を明確化する

◆STPマーケティングとは

　ターゲット顧客を明確にする方法が、**STPマーケティング**です。STPマーケティングは、「①S（Segmentation：セグメンテーション）」「②T（Targeting：ターゲティング）」「③P（Positioning：ポジショニング）」の3つの項目を明らかにするものです。S→T→Pの順番に明らかにしていきます。

　まず市場セグメンテーション（S）を明らかにします。セグメンテーションとは、市場の細分化です。製品特性に応じて、類似の購買特性を持った市場を1つのグループとします。セグメントをどう区分するかは、企業が目指すビジョンや目標、業種・業態によって異なります。市場セグメントをどう区分するかは、その企業の戦略そのものなのです。

　次に、ターゲット市場とするセグメントを選択します。選択するための評価尺度は、「セグメントの規模と成長性」「セグメントの構造的魅力度」「会社の目標と資源」の3つです。

　ターゲット市場とするセグメントの選択は、投入可能な経営資源の大きさによってさまざまです。1つのセグメントで徹底的に市場地位を得る戦略や、複数のセグメントを選択する戦略があります。どれを選択するかは、マーケティングの成否を決める重要な選択です。

　ポジショニングとは、ターゲット顧客から見て、企業独自の価値づけされた「差別化」を認知させる活動です。ポジショニングにより、企業の独自性が市場に認知されることを目指します。

何を差別化するかも、重要な戦略です。製品の差別化、サービスの差別化、社員の差別化、イメージの差別化などがあります。たとえば、ボルボは「世界で最も安全な車」をポジショニングにしています。バドワイザーは「世界のビール」、カップヌードルは「いつでもどこでも」をポジショニングとして前面に打ち出し、ポジショニングに成功しています。

■STPマーケティングの概略

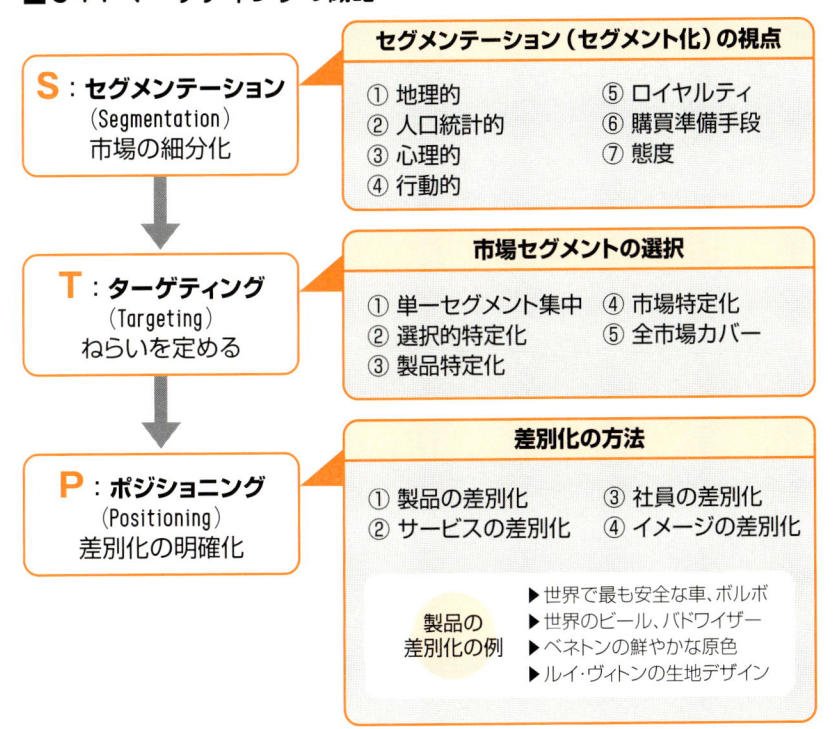

S：セグメンテーション (Segmentation) 市場の細分化

セグメンテーション（セグメント化）の視点
① 地理的
② 人口統計的
③ 心理的
④ 行動的
⑤ ロイヤルティ
⑥ 購買準備手段
⑦ 態度

T：ターゲティング (Targeting) ねらいを定める

市場セグメントの選択
① 単一セグメント集中
② 選択的特定化
③ 製品特定化
④ 市場特定化
⑤ 全市場カバー

P：ポジショニング (Positioning) 差別化の明確化

差別化の方法
① 製品の差別化
② サービスの差別化
③ 社員の差別化
④ イメージの差別化

製品の差別化の例
▶ 世界で最も安全な車、ボルボ
▶ 世界のビール、バドワイザー
▶ ベネトンの鮮やかな原色
▶ ルイ・ヴィトンの生地デザイン

◆なぜターゲットを明確化するのか？

すべての人を満足させる製品を作ろうとすると、すべての人にとって、そこそこしか満足できない製品になってしまいます。悪くはないけど、

どうしても欲しいわけではないという製品は、全く売れない時代になっています。

しかし、特定の顧客層にジャストミートさせて作った製品は、圧倒的な支持を受けることが可能です。たとえばソニーのPSP（プレイステーション・ポータブル）は、女性向けにピンクの機種を発売しました。若い女性たちが2台目を購入するなど大人気です。

中途半端に顧客を満足させるより、ターゲットを絞ってでも、ジャストミートする商品を目指すことが必要です。ターゲットを決めない商品は、コモディティ化（日用品化）します。ブランド力を高めるためにも、ターゲット設定は不可欠です。

2 セグメンテーション(S)とターゲティング(T)

◆セグメンテーションとは市場の細分化

まず、お掃除ロボットのセグメンテーション（市場の細分化）を行います。セグメンテーションとは、同じような購買特性を持った市場、または顧客をグループ分けすることです。

どうグループ分けするかは、商品特性によってさまざまです。たとえばお菓子と家電製品では、全く異なるセグメンテーションになります。どうセグメンテーションするかは、マーケティングでの見せどころでもあります。

同じような購買特性を持った市場や顧客をグループ分けすることで、グループに合わせたマーケティング方法を絞り込むことができます。たとえば、シルバー層に向けては、シンプル機能の携帯電話を売り込むことで、高いマーケティング成果が得られるでしょう。

■セグメンテーション（市場の細分化）

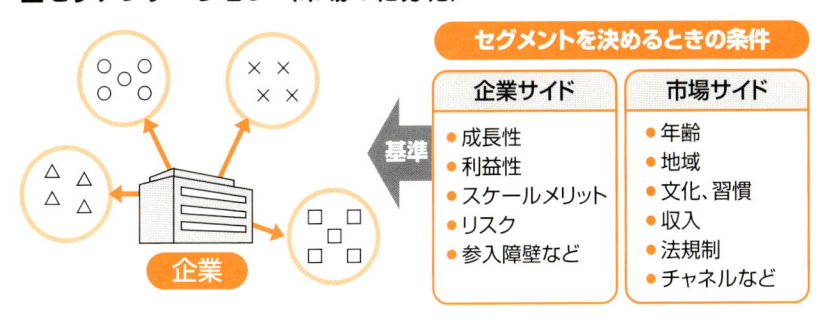

セグメントを決めるときの条件

企業サイド	市場サイド
●成長性 ●利益性 ●スケールメリット ●リスク ●参入障壁など	●年齢 ●地域 ●文化、習慣 ●収入 ●法規制 ●チャネルなど

基準

※同じような購買特性をグルーピング

■セグメンテーションからターゲティングへ

（図：幼児層、中高校生、家族世帯層、独身者層、シルバー層 ← ターゲティング）

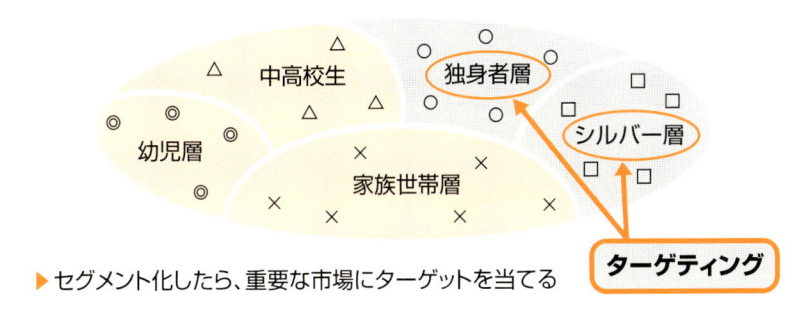

▶セグメント化したら、重要な市場にターゲットを当てる

◆セグメンテーションからターゲティングへ

　イトー電器の新製品、ロボ太郎のセグメンテーションを、幼児層、中高校生、家族世帯層、独身者層、シルバー層に分けました。この中から、ロボ太郎がねらうターゲットを絞り込みます。

　ターゲティングは、独身者層とシルバー層にしました。それは、価格面と機能面の2つの理由から決めました。価格面では、ある程度自由に使えるお金がある顧客層であることが前提となります。最も安い普及機が約15万円ですので、家族世帯層をターゲットにするのは難しいでしょう。高額所得者である、セレブ層、医者、芸能人などもターゲット顧客として有望です。

機能面では、コミュニケーション型のため、独身者、会話をしたいシルバー層をターゲット顧客としました。

ターゲットを絞ったからといって、それ以外の顧客層に売らないというわけではありません。ロボ太郎の発売後、予想外に家族世帯層の売れ行きがよければ、ファミリー向けの新型を開発する準備はあります。

3 ポジショニング（P）

◆ポジショニングとは、ターゲットから見た差別化の明確化

ターゲット顧客に対して、ロボ太郎のポジショニングを明確化します。ポジショニングとは、顧客から見た商品の位置づけの"わかりやすさ"です。また、特徴ある製品にするためにどう差別化するかを明らかにすることです。

顧客から認知された企業になるため、あるいはロイヤルティ（帰属意識）やブランドの認知を高めるためには、顧客から見てわかりやすいポジショニングが不可欠です。

◆お掃除ロボットのポジショニング

ロボ太郎のポジショニングは、ペット代わりとなる対話型お掃除ロボットです。対話できる掃除機は今までにないので、明確なポジショニングが築けると思います。何事も真っ先に新しい差別化を打ち出すことが必要です。2番手以下では、単なるモノマネとして受けとめられ、ブランド力向上に貢献しません。

当初は「家の中なら、いつでもどこでもユビキタスなペット掃除機」というポジショニングを考えていました。ユビキタス（ubiquitous：あらゆるところで）社会がモバイル時代の象徴となっているので、ユビキタスという言葉を使ってみたのです。

しかし、シルバー層がターゲット顧客なので、ユビキタスのような難しい言葉は使わないほうがいいという意見が、財前先生から出ました。そこで、「あなたの心の悩みもお掃除する対話型お掃除ロボット、ロボ太郎」というポジショニングに決まりました。

■ポジショニングとは

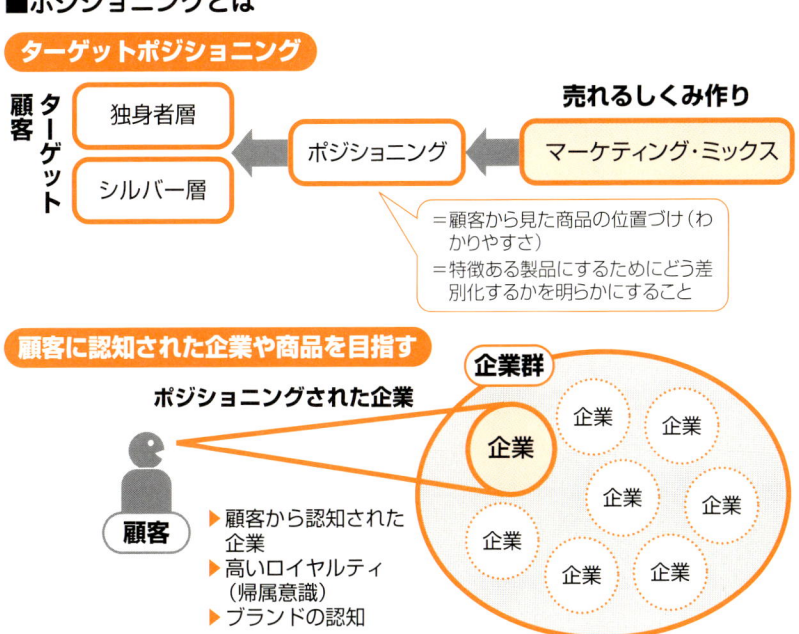

ターゲットポジショニング

顧客　ターゲット
- 独身者層
- シルバー層

→ ポジショニング ← マーケティング・ミックス（**売れるしくみ作り**）

＝顧客から見た商品の位置づけ（わかりやすさ）
＝特徴ある製品にするためにどう差別化するかを明らかにすること

顧客に認知された企業や商品を目指す

ポジショニングされた企業

顧客

▶ 顧客から認知された企業
▶ 高いロイヤルティ（帰属意識）
▶ ブランドの認知

企業群

豆知識　消費の二極化傾向が強まっている

　消費の二極化傾向が強まっています。安くなければ売れないと言われていたデフレ経済の一方で、高級品やブランド品が飛ぶように売れるようになりました。高額所得層と低額所得層の二極化傾向が背景にあるようです。また低額所得層でも趣味にお金を使いたいという消費行動があります。かくして、高いけれど最高級品と、１円でも安いものを求める汎用品の消費が増えています。企業としても、低価格品と高級品のラインナップを充実させることが効果的なようです。

| フェーズ 4-4 | マーケティングのしくみを考えよう |

「4つのP」を組み合わせて売れるしくみを作る

――ＳＴＰマーケティングまで終了して――
山口「先生、ターゲット市場の設定ができました」
財前「どれどれ……。うん、いいじゃないか。伊藤室長には相談しましたか？」
山口「もちろんです。川田さんを交えて３人で相談しました」
財前「ところで、イトー電器にはやり手の営業部長がいたね。そういう人にも相談しておいたほうがいいと思いますよ」
山口「営業部長への相談は、まだ早くないですか？」
財前「何事もネゴシエーションです。営業のプロ、営業現場の声を聞いておいたほうが、あとで何かと協力を得られやすい。人から相談されると、相談された人は好意的になり、実行段階で参画意識が高まりやすくなります」
山口「それもそうですね。勉強になります。じゃあ、川田さんと２人で相談に行くことにします」

――営業本部への相談から戻ってきた山口くんと川田さん――
財前「ご苦労さま。どうでした？」
山口「リサーチの資料や、ＳＴＰマーケティングの資料を営業部長の席で説明していたら、他の営業部員が集まってきて、興味深く私の話を聞いてくれました。美人の川田さんと一緒に行ったせいもあるかもしれませんが……」
川田「まあ、美人だなんて。山口先輩がそんなこと言うの、初めてじゃないですか」
山口「以前から美人だと思っていましたよ。川田さんは僕のタイプですから」
川田「…………」
財前「君たちは好きにしてなさい。ちょっと、伊藤室長のところに行っ

てきますよ」

――財前先生が戻ってくる――
山口「先生、すみませんでした。そんなつもりはなかったのですが、話がおかしな方向に流れてしまいました」
財前「いいじゃないですか。2人は性格的に合いそうだし、似合いのカップルですよ」
山口「先生、プライベートの話はその辺にしてマーケティングを先に進めたいのですが……。次はマーケティング・ミックスですね」
財前「お、そうでした。君たちも勉強してきたようですね。マーケティングの4Pのことは覚えていますか、川田さん？」
川田「はい。Product、Price、Place、Promotionの4つでしたね」
財前「そう。その4Pをミックスする、すなわち組み合わせることで製品が売れるしくみを作る。それが、マーケティング・ミックスなんです。4Pのどれか1つがうまくいかなくても、売れるしくみは作れません」
山口「先生、質問です。Placeはなぜ販売チャネルと言い換えるのですか？ Placeって場所のことですよね」
財前「たしかにPlaceは製品を売る"場所"でもある。しかし製品を売るためには、製品をメーカーから販売店に運ぶネットワークが必要になります。それらも含めて考えると、販売チャネルと言うほうが具体的なんです。流通も入るから、流通チャネルという場合もあります。一般的には、Placeのことをチャネル（channel）と呼ぶことが多いようです」
山口「わかりました、ありがとうございます」
財前「ところでProduct（製品）には、コンセプトやブランド名も含まれますが、何かいいコンセプトを考えてきましたか？」

山口「はい。『ザ・お掃除ロボット』というのはいかがでしょうか」
財前「そのまんまじゃないですか。もっとひねりが欲しいですね」
川田「山口先輩はいつも直球なんですよ。いわゆる体育会系、そして猪突猛進かな」
財前「話がまた横道へそれていきかけてますね。川田さん、告白の直球を投げつけられないように気をつけないと」
川田「山口先輩の球なら、いつでも受けて立ちますよ（笑）」
山口「わっはっは、いいことを聞きました」
財前「仕事が終わったあとなら何をしてもいいから、とりあえず先に進みますよ」
山口、川田「すみません。よろしくお願いいたします」

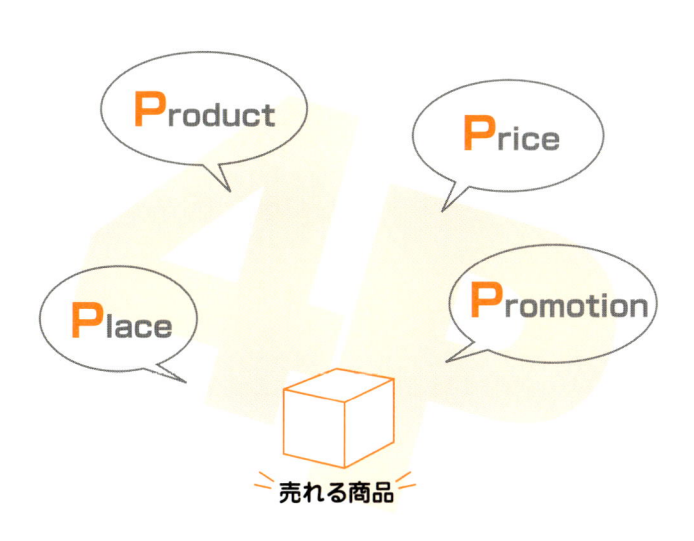

Product **P**rice

Place **P**romotion

売れる商品

レクチャー 4-4 売れるしくみ作りのためのマーケティング・ミックス

1 製品（Product）： どんな製品を作るか？

◆製品（Product）とは

　ターゲット市場で、売上利益を拡大するために4Pをうまくミックスさせて（組み合わせて）「売れるしくみ」を作る手法を「**マーケティング・ミックス（MM）**」といいます。では、マーケティング・ミックスの構成要素である4Pについて考えてみましょう。

　1つ目のPは、プロダクト（製品）です。プロダクトの視点は、何を作れば売れるのかであり、商品企画により、どんな製品を作るのかということを決めます。プロダクトは、マーケティングの出発点です。製品企画（仕様）にさかのぼって、売れるしくみを構築します。プロダクトは、具体的には、「品質」「種類」「デザイン」「特徴」「ブランド名」「パッケージ」「大きさ」「保証」「サービス」「返品」などの内容を、具体的に定義することです。ブランド力を上げるためにも、プロダクトは重要です。

◆ロボ太郎の製品（Product）の明確化

　ロボ太郎は、ローエンド機、ミドルグレード機、ハイエンド機の3機種をラインナップとしました。発売開始の順番として、ローエンド機を発売後にミドルグレード機を発売し、最終的にハイエンド機を発売します。

　ローエンド機の機能は、自動走行機能、自動掃除機能、自動充電機能、音声反応スイッチ、運行安全装置、付属品（充電器）としました。上級

機では、下級機の性能をすべて網羅させます。

　ミドルグレード機では、ローエンド機の機能に加えて、双方向型コミュニケーション機能、癒し会話機能、音声反応型命令機能を付加します。またハイエンド機では、さらにハイグレードデザイン、セレブなコミュニケーション機能、超静音モード、声変更のオプション機能、バージョンアップ対応機能を持たせます。なお、有料の追加オプションを付けることで、自分だけのロボ太郎仕様にすることもできるようにします。

■マーケティング・ミックス（4Pの組み合わせで売れるしくみ作り）

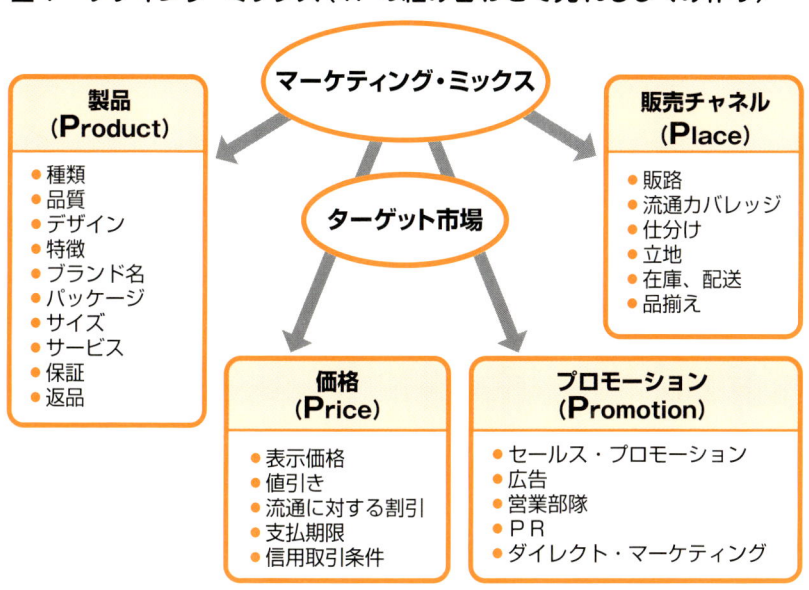

製品（Product）
- 種類
- 品質
- デザイン
- 特徴
- ブランド名
- パッケージ
- サイズ
- サービス
- 保証
- 返品

販売チャネル（Place）
- 販路
- 流通カバレッジ
- 仕分け
- 立地
- 在庫、配送
- 品揃え

価格（Price）
- 表示価格
- 値引き
- 流通に対する割引
- 支払期限
- 信用取引条件

プロモーション（Promotion）
- セールス・プロモーション
- 広告
- 営業部隊
- PR
- ダイレクト・マーケティング

中心：マーケティング・ミックス／ターゲット市場

2　価格（Price）： いくらで売るか？

◆価格（Price）とは

　2つ目のPは、プライス（価格）です。プロダクトが決まったら、いくらで売るかを決めなければいけません。プライスの視点としては、い

くらなら買ってもらえるかという、顧客の「値ごろ感」が重要です。プライスは、生産コストで決めるものではありません。価格は市場と顧客との駆け引きで決まるからです。

　近年、オープン価格が増えているのは、顧客が製品の価値と価格を決める時代になったためです。プライスは、具体的には、「希望価格」「割引」「優遇条件」「支払期限」「信用払い」などを定義することです。

◆ロボ太郎の価格（Price）の明確化

　ロボ太郎の価格設定は、オープン価格とし、実売価格で次のような価格を想定しています。ローエンド機15万円、ミドルグレード機30万円、ハイエンド機60万～100万円です。

　ハイエンド機に60万～100万円の幅があるのは、オプションの有無によるものです。オプションなしで60万円、フルオプションで100万円です。ハイエンド機は、受注生産方式にして、ネット販売だけで取り扱うという議論も出ています。

■お掃除ロボット、ロボ太郎の機能と価格（Product、Price）

グレード			機能	価格
ハイエンド機			● ハイグレードデザイン ● セレブなコミュニケーション機能 ● 超静音モード付き ● 声変更のオプション機能付き（有料） ● バージョンアップ対応（有料）	60万 ～100万円
	ミドルグレード機		● 双方向型コミュニケーション機能 ● 癒し会話機能 ● 音声反応型命令機能	30万円
		ローエンド機	● 自動走行、自動掃除機能 ● 自動充電機能 ● 音声反応スイッチ（オン、オフ） ● 運行安全装置 ● 付属品（充電器）	15万円

3 販売チャネル（Place）： どこで、誰に売るか？

◆販売チャネル（Place）とは

　3つ目のPは、プレイス（販売チャネル、流通チャネル）です。プレイスは、「どこで」「誰に」売るのかということを決めるものです。「どこで」は、生産者から顧客までの流通経路です。「誰に」は、ターゲット顧客を明確にすることです。プレイスは、具体的には、「チャネル」「運送」「在庫」「範囲」「場所」「品揃え」を効果的にするための施策を決め、実行することです。

◆ロボ太郎の販売チャネル（Place）の明確化

　販売チャネルは、イトー電器の持ちうるすべての販売チャネルを活用することにします。また今回、新しく専門店チャネルを開拓することにしました。東急ハンズ、百貨店、住まいの専門店などの販売チャネルを開拓することで、今後の高級家電のチャネルを切り開く戦略です。

■ロボ太郎の販売チャネルの明確化（Place）

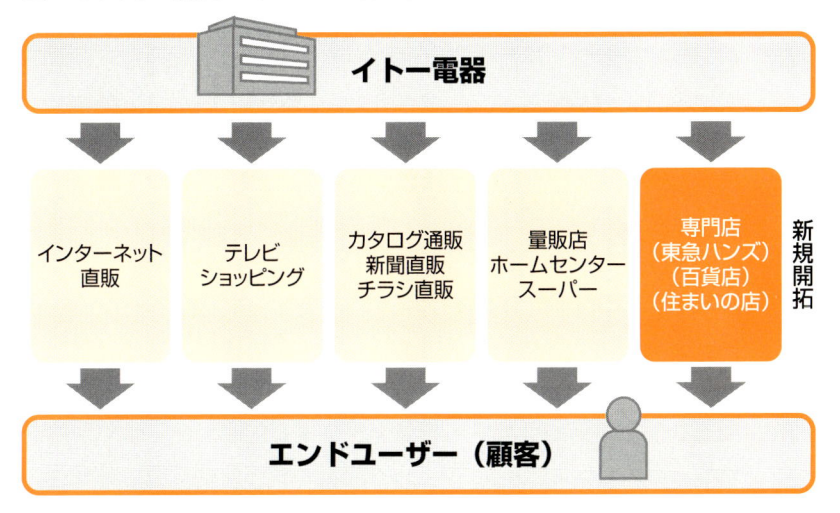

```
                        イトー電器
    ↓           ↓           ↓           ↓           ↓
インターネット   テレビ    カタログ通販   量販店     専門店       新
  直販      ショッピング  新聞直販    ホームセンター （東急ハンズ）  規
                      チラシ直販    スーパー    （百貨店）    開
                                            （住まいの店）  拓
    ↓           ↓           ↓           ↓           ↓
                    エンドユーザー（顧客）
```

イトー電器の既存の販売チャネルは、インターネット直販、テレビショッピング、通信販売、量販店などです。テレビショッピングは、新製品の知名度を上げる効果があるため、積極的に進めていく予定です。テレビショッピングは、プロモーション効果も期待できます。

4 販売促進（Promotion）： どうやって売るか？

◆販売促進（Promotion）とは

4つ目のPは、プロモーション（販売促進）です。効果的なプロモーションでなければ、顧客に認知されません。プロモーションの視点は、顧客へ情報を伝えることであり、具体的には広告、販売員活動、販促活動などを行います。特に広告の役割が重要です。プロモーションは、より具体的に言えば、「セールス・プロモーション」「広告」「営業」「ＰＲ」「ダイレクト・マーケティング」「オンライン・マーケティング」などの施策を決めることです。近年、インターネットを利用したプロモーションも急増しています。

これらの4Pのどれ1つ欠けても、売れるしくみ作りはできません。「こんなにいい製品（プロダクト）を作ったのに何で売れないのか？」と悩んでいる会社は、プロダクトばかりに目がいっています。プロモーションなど、4Pの視点を網羅していなければ、売れるしくみは構築できないのです。

◆ロボ太郎の販売促進（Promotion）の明確化

ロボ太郎の販売促進では、通常のプロモーション手段のほか、芸能人のブログ、アフェリエイト（提携）広告、口コミを活用する予定です。

近年新しい手法として、有名人のブログによる広告があります。芸能人などに新製品を使ってもらい、そのすばらしさをブログ（インターネ

ット上での日記）で公開してもらいます。芸能人のファンクラブなどに一気に情報が広がります。

またアフェリエイト広告も、近年のインターネットを活用した広告です。ゲリラ的に広範囲に広告を打つことができる利点があります。2005年に株式公開したファンコミュニケーションズなどが、アフェリエイト広告を広く普及させています。

■ロボ太郎のプロモーション戦略の明確化

広告	セールス・プロモーション	PR	営業部隊	ダイレクト・マーケティング
●印刷 ●電波媒体 ●パッケージ（外観） ●パッケージ内への差し込み ●映画 ●カタログ、冊子 ●ポスター ●名簿 ●広告の別刷り ●野外看板 ●ディスプレイ ●POP ●AV、ビデオテープ ●シンボルマーク ●交通広告 ●アフェリエイト ●ブログ	●コンテスト、ゲーム ●懸賞、抽選 ●プレミアム、ギフト ●サンプリング ●ショー ●展示会 ●展示物 ●デモンストレーション ●リベート ●低利子融資 ●接待 ●下取り交換割引 ●継続的プログラム ●タイアップ	●プレス ●スピーチ ●セミナー ●年次報告書 ●慈善事業への寄付 ●スポンサーシップ ●出版 ●コミュニティ関係 ●ロビー活動 ●名刺 ●レターヘッド ●広報誌 ●イベント	●セールス ●プレゼン ●販売会議 ●報奨制度 ●サンプル ●ショー ●展示会	●カタログ ●郵便物 ●テレマーケティング ●電子ショッピング ●TVショッピング ●FAXメール ●電子メール ●音声メール

> **豆知識　4Pをうまくミックスする（組み合わせる）ことで相乗効果が高まる**
>
> 4Pをうまく構築して、売れるしくみ作りをしよう。

column 4
ワン・トゥ・ワン・マーケティングの普及

　情報システムのハードウェアが安価になり、巨大なデータベース構築が低コストでできるようになりました。たとえば、大容量のハードディスクが非常に安価になりました。1T（1テラ＝1000ギガ）のハードディスク内蔵のビデオデッキが10万円台で買える時代です。ゆえに、巨大なデータベースを使ってマーケティングを支援する、情報システムが発達してきました。ＣＲＭ（カスタマー・リレーションシップ・マネジメント：顧客関連性管理）です。顧客の購買履歴を生データ（1品ずつの販売データ）で保存し、顧客の購買特性をつかんで、マーケティングに活かすものです。

　ＣＲＭをワン・トゥ・ワン・マーケティングとも呼んでいます。身近な例でわかりやすくいえば、ポイント還元システムです。ヨドバシカメラ、ビックカメラのような家電量販店、航空会社のマイレージなどはＣＲＭです。ワン・トゥ・ワン（1人ひとり）の購買金額に合わせてポイントを還元することで、使えば使うほど得をするシステムを構築します。ワン・トゥ・ワン・マーケティングは、顧客囲い込みの戦略です。

　わたしの知人に、ＡＮＡ（全日空）のマイレージを貯めることが趣味の人がいます。東京と大阪間を毎週ＡＮＡで往復し、新幹線や他の航空会社は使わないそうです。

　先日聞くと、9万マイル貯まっていると言っていました。「マイルは使わないのですか？」と聞くと、「使うと減るからもったいない」との珍回答。10万マイル貯めるのが夢だそうです。わたしには理解できない趣味ですが、「がんばって！」。

kashikomarimashita

第 5 章

新商品開発プロジェクトの推進

本章のストーリー
フェーズ 5−1／製品開発プロジェクトが始まる
フェーズ 5−2／プロジェクト終結と製品の販売開始

本章で学ぶこと
レクチャー 5−1／プロジェクトマネジメントの基礎
レクチャー 5−2／プロジェクトの終結

本章のあらすじ────*the Outline of Chapter 5*

　お掃除ロボット『ロボ太郎』の新商品企画が役員会議を通過し、いよいよイトー電器の製品開発プロジェクトが始動することになりました。プロジェクト大好き人間だとカミングアウトした伊藤室長の指導のもと、山口くんと川田さんはプロジェクトマネジメントを基礎から学んでいきます。このプロジェクトは社長直轄で、技術系12名と営業系3名が加わる本格的なものです。

　開発に8か月、量産体制確立に4か月。1年後に『ロボ太郎』の第1号製品を市場に華々しく登場させ、ヒット商品に育てるのがプロジェクトチームの使命です。リーダーの伊藤室長は日増しに意気軒昂となっていき、そして、山口＆川田のラブラブカップルにはもう1つの明るい未来も見えてきます。

フェーズ 5－1　製品開発プロジェクトが始まる

プロジェクトをきちんと進めるための管理・運営ノウハウを学ぶ

——新商品企画が役員会議を通過し、製品開発プロジェクトの開始へ——
伊藤「いよいよだな」
山口「はい。私たちが立案した『お掃除ロボット』の新商品企画が、いよいよプロジェクトによって実行されるんですね」
川田「ドキドキしています。うれしいような、怖いような……未知との遭遇ね」
山口「だけど、プロジェクトは前に進むしかないんだ」
伊藤「偉そうなことを言ってるが、山口くんはプロジェクトをやったことがあるのかね」
山口「室長、何を言ってるんですか。大失敗したインスタントラーメンの新規事業、あれも一応プロジェクトでしたよ」
川田「なるほど。失敗プロジェクトの大先輩ね」
山口「失敬だなあ。川田さんも、居酒屋プロジェクトの失敗経験者ですよ」
川田「あれはプロジェクトの失敗というより、会社上層部の戦略的判断ミスでしたね」
伊藤「スト〜ップ！　過去の失敗のことをとやかく言うのはもうよしましょう。山口くんがさっき言ったように、プロジェクトは前に進むしかないんだよ」
川田「わかりました。前進しま〜す」
伊藤「プロジェクトのメンバー等は次のようになっています。山口くんと川田さん、引き続きよろしくお願いしますよ」
【新商品開発プロジェクトのメンバー】
（1）プロジェクト体制
　①リーダー：伊藤室長
　②事務局：山口くん、川田さん
　③開発チーム技術系：12名（掃除機能7名、対話機能5名）

④マーケティングＷＧ（ワーキンググループ＝分科会）営業系：３名
　　⑤プロジェクトオーナー：社長（社長直轄プロジェクト）
（２）期間：開発期間は８か月、量産体制確立期間４か月、１年後発売

――マーケティング戦略に基づき製品開発プロジェクトが始まる――

山口「伊藤室長、早速ながら質問です。失敗経験の多い私ですが、プロジェクトの進め方の基本がよくわかっていません。教えていただけますか」

伊藤「そうだと思ったよ。実を言うと私は、プロジェクトが大好きなんだ。好きと言うより、プロフェッショナルと呼んでほしいくらいだな」

川田「室長、ほんとうですか？」

伊藤「ほんとうだとも。任せてチョンマゲ」

川田「すごいオヤジギャグ……」（絶句）

伊藤「ごめん、財前先生の悪いクセが転移したみたいだ。ともあれ、プロジェクトにはそれに適合した管理・運営ノウハウがあって、それを『プロジェクトマネジメント』と呼ぶ」

山口「プロジェクトマネジメントですか？」

伊藤「そうだ。そのプロジェクトマネジメントは、私からしっかり教えてあげるから心配無用だよ」

山口「伊藤室長、水をさすつもりはありませんが、財前先生にお願いできないのですか？」

伊藤「うん、財前先生には今仕掛けているＭ＆Ａの大型買収案件に関わってもらうことになった。いつまでも、おんぶに抱っこことはいかないよ。自分たちの足で立って歩くんだ。そのほうが健康にもいい」

山口「そうですね。自分たちの道は、自分たちで切り開いていく。そろそろ財前先生に頼らず、自立しないといけませんね」

川田「山口先輩、しっかり自立してください。そうしたら、わたくしもついていきます」
山口「川田さん、夫唱婦随でいきましょう」
伊藤「君たちの場合、婦唱夫随のほうがうまくいくと思うけどな。さて、ではプロジェクトマネジメントの基礎講座に入るよ」
山口、川田「よろしくお願いいたします」

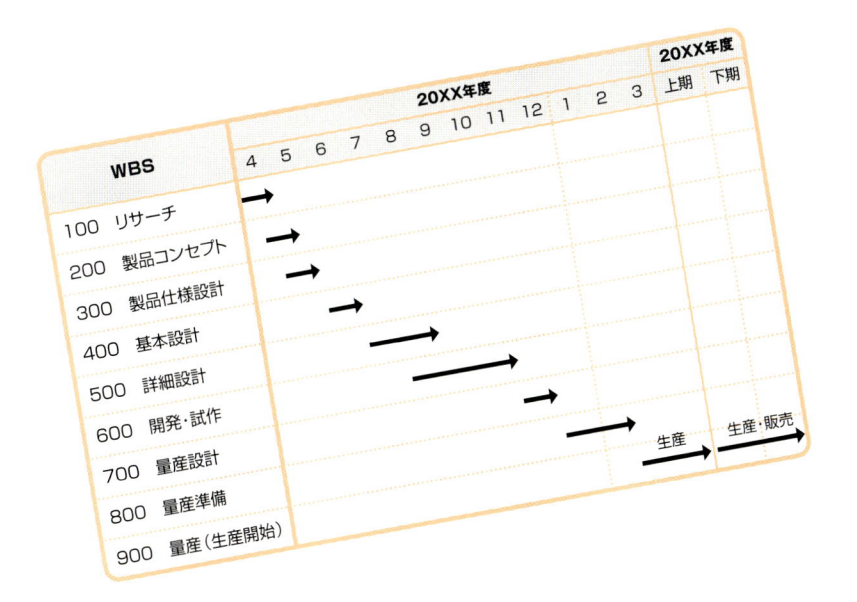

WBS	20XX年度 4 5 6 7 8 9 10 11 12 1 2 3	20XX年度 上期 下期
100 リサーチ		
200 製品コンセプト		
300 製品仕様設計		
400 基本設計		
500 詳細設計		
600 開発・試作		
700 量産設計		生産 生産・販売
800 量産準備		
900 量産（生産開始）		

レクチャー 5-1 プロジェクトマネジメントの基礎

1 プロジェクトと通常の仕事との違い

◆プロジェクトとは

　ロボ太郎の商品開発は、プロジェクトで推進されることになりました。**プロジェクトとは、「特定の目的を達成するための、臨時組織による活動」**です。あるニーズの充足や問題を克服するために、ある特定の目的を設定します。その目的を達成するためにプロジェクト組織が結成され、目的を達成します。目的を達成すると、プロジェクト組織は解散します。このように、目的を達成するために、始めと終わりがある臨時組織による活動をプロジェクトといいます。

　プロジェクトは、やり直しがきかない一発必中（1つのことを確実に達成する）の活動でもあります。目的を達成できなければ、プロジェクトは失敗です。特定の目的を、確実に達成することが求められます。

　通常の日常業務である既存組織（職能別組織、階層組織）では、目的達成にある程度の自由度があります。たとえば営業部門で、ある新商品の販売契約が取れなかったとします。しかし、他の商品で売上を補完して年間の売上目標を達成できれば、営業部門としては成功です。既存組織では、月次決算や年次決算で総合的に目標を達成しているかどうかが問われます。

　しかしプロジェクトでは、特定の目的を確実に達成することが求められるのです。たとえば、新商品開発を目的としたプロジェクトでは、新商品開発が成功しなければ成功とは言えません。プロジェクトでは、特定の目的を達成することにすべての活動が向けられ、一発必中を目指し

■既存組織とプロジェクトの対比

プロジェクトの定義
特定の目的を達成するための、臨時組織による活動

ニーズ → 目的設定 → プロジェクト推進 → 解散

日常業務（既存組織、階層組織）	ポイント	プロジェクト活動
○現状の枠組みを維持 ○組織の統制や秩序を重視	前提	○新しい枠組みを作る ○新しいことを始める
○毎年の業績目標の達成 ＜例＞売上目標、利益目標	目的	○特定の目的・目標を達成する ＜例＞業務改革、新規事業開発
○継続的組織、階層組織による活動 ○人事異動を伴う	組織	○臨時組織による活動 ○人事異動を発令しなくてもよい
○人材要件より人数を重視 ○同じ分野のスキルを持つ集団	構成員	○人材要件を重視 ○多様な分野のプロ集団
○くり返しのある日常業務が中心 ○業務の標準化で効率化推進	業務形態	○くり返しのない非日常的業務 ○目的達成にすべての活動が集中

ます。

◆プロジェクトのライフサイクル

　プロジェクトには始めと終わりがあります。目的を達成するためにプロジェクトが立ち上げられます。目的を達成したらプロジェクトは解散します。プロジェクトのライフサイクルは、「**立ち上げ―計画―実行―コントロール―終結**」の5つのプロセスで構成されています。

◆ライフサイクルの概要

　立ち上げでは、プロジェクトのスタートを認識するとともに、その活動を遂行することをコミットメント（公約）します。何かを解決したいという問題提起があり、問題を克服するためにプロジェクトが立ち上げ

られます。

計画は、プロジェクトが満たすべきスコープ（範囲）を明確化し、プロジェクト計画を立案します。計画があいまいだとプロジェクトの実行段階で、やり直しやトラブルが多発します。計画は航海における航海図に相当します。目的地を見失わないためにも計画を立案します。

実行は、計画を遂行するために、人材や経営資源を効果的に運用します。目的達成にすべての活動を集中させます。

コントロールは、プロジェクト目的に合致した成果が生み出せるように、プロジェクトの進捗の成果測定、モニタリングを行うとともに修正対策を行います。

プロジェクトが目的を達成したら、終結させます。終結は、プロジェクトの報告会や成果物（アウトプット）の納品など経て、終結の手続きを行います。

■プロジェクトのライフサイクル（始めから終わりまでのプロセス）
▶プロジェクトのライフサイクルは、5つのプロセスで構成されている

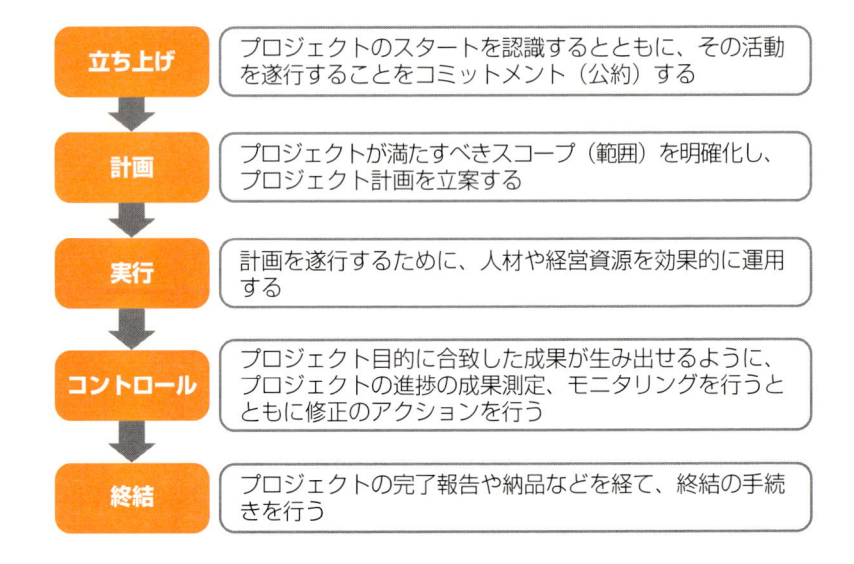

立ち上げ	プロジェクトのスタートを認識するとともに、その活動を遂行することをコミットメント（公約）する
計画	プロジェクトが満たすべきスコープ（範囲）を明確化し、プロジェクト計画を立案する
実行	計画を遂行するために、人材や経営資源を効果的に運用する
コントロール	プロジェクト目的に合致した成果が生み出せるように、プロジェクトの進捗の成果測定、モニタリングを行うとともに修正のアクションを行う
終結	プロジェクトの完了報告や納品などを経て、終結の手続きを行う

◆既存組織との価値観の違い

　既存組織とプロジェクト組織とでは何が違うのでしょうか。既存組織は職能別組織や階層組織ともいわれ、専門分野である職能別（会計、営業、生産、物流など）に組織を編成し、指示命令系統を明確にした階層組織にしています。命令指揮系統はトップダウンで、上から下に業務命令が伝達されます。また既存組織では、同じ職能を持った人たちの集まりなので、先輩の仕事のやり方を学習することでスキルアップしていきます。ですから新入社員でもＯＪＴ（On the Job Training）で、実務をこなしながらスキルを身につけていきます。

　一方、プロジェクトは組織横断的な全社的活動であることがしばしばです。さまざまな専門分野の専門家が集まって特定の目的を達成します。臨時組織としてさまざまな部門から専門家を集めます。既存組織と異なり、プロジェクト組織内に同じ専門分野を持った人がいるとは限りません。プロジェクト構成員は、自立した専門家としての役割を期待されます。ゲリラ戦でいうと、１人でも戦えるし、チームを組んでも戦える人材が求められます。自立したプロであることが求められるのです。

◆プロジェクト組織の長所と短所

　プロジェクトの長所として、組織横断的な取組みに威力を発揮します。また新規事業を開発するなど、何をどのように進めれば目的が達成できるのかがわからない場合に効果的です。一方、やるべき道筋が見えているのであれば、業務を標準化して既存組織で進めればいいのです。プロジェクトでは、新しいことを手探りで始めるとか、今までにない枠組みで目的を達成するという場合に効果的です。

　プロジェクトの短所は、臨時組織であるという点にあります。既存組織の理解、プロジェクトの構成員の十分な理解を得なければ、組織の求心力を失い、プロジェクト推進事態が危うくなることに留意が必要です。

2 プロジェクト成功の条件

◆プロジェクト計画の重要性

　イトー電器のプロジェクトを考える前に、プロジェクトを成功させるための必要条件をご紹介します。

　計画を立てずに仕事を進めた場合、目的の達成のためそのつど試行錯誤が多くなります。一生懸命やったあとで振り返ってみると、ずいぶんムダな仕事もしたなと思った経験はないでしょうか。

　日常的な業務であれば大半がくり返しのある業務であるため、今までのやり方や経験が通用し、計画がなくても大した問題になることはありません。しかし、プロジェクトはくり返しのない前人未踏の目的を達成する一発必中への挑戦です。計画がなければ試行錯誤が多くなり、思わぬところで時間を浪費してしまうのです。

　最初に計画を立てておけば、実際にプロジェクトを進めた場合、「計画差異」が把握できます。計画差異がわかれば、修正計画を容易に立てられます。計画は進捗管理の基準としても効果的です。計画との差異を定期的に把握し是正することで、目標達成を確実なものにすることができるのです。

　計画段階でコストの80％が決まると言われています。計画段階でのコストダウンは比較的容易です。また、計画段階であれば計画変更も容易です。たとえばビルの建設の場合、計画段階なら壁などの間仕切り変更は、図面を引き直すだけでできますが、一度設置工事した間仕切りを変更することになると、かなりの時間とお金がかかります。

　計画は実行段階での"航海図"になります。計画を立てる（P：Plan）―実行する（D：Do）―評価する（C：Check）―是正する（A：Action）のサイクルをくり返すことで、目標を達成することができるのです。これを**PDCAサイクル**（経営管理サイクル）といいます。

◆コミュニケーションチャネルの明確化

　プロジェクトの成功には、円滑な情報コミュニケーションのしくみを確立することが必要です。特にプロジェクトリーダーを中心とした統合のしくみ作りが必要です。「統合のしくみ」とは、情報共有、進捗管理、意思決定の伝達の**コミュニケーションチャネルを確立する**ことです。コミュニケーションチャネルの確立は大きく分けて4つあり、ルールの明確化、会議体の明確化、情報共有化、情報ツールの活用があげられます。

　まず**ルールの明確化**では、運用ルールと各種フォーマットを明確にします。運用ルールでは、責任と権限の明確化、役割分担の明確化、厳守事項の明確化などを行います。フォーマットの明確化では、成果物、議事録、連絡箋などのフォーマットを事前に決めておきます。計画段階で事前にフォーマットを決めることで、必要な情報を整理整頓して正しく伝達することができるのです。

　2つ目の**会議体の明確化**では、定例会と報告会のルールを明確にします。会議体とは、会議の集合体を意味します。定例会では、プロジェクト全体を統括するための全体会と、目的ごとの小グループである分科会の会議体を定義します。たとえば開催頻度、参加メンバー、会議の目的などを明確にするのです。良好なコミュニケーションを維持するためにも、会議体は重要です。ただし、形骸化しないよう留意することが必要です。

　3つ目の**情報共有化**では、共有すべき情報と情報伝達経路を明確にします。まずどのような情報を共有化するのか、誰に伝達するのかを明確にすることが必要です。プロジェクトではできるだけ情報をオープンにします。どのような情報伝達ルートで、何を伝達すべきかのガイドラインを明確にすることも必要です。プロジェクト内では比較的コミュニケーションが良好でも、外部のステークホルダー（利害関係者）に伝達すべき情報がおろそかになってトラブルになることがあります。外部のス

テークホルダーに対するコミュニケーションにも十分留意しましょう。

4つ目の**情報ツールの活用**は、パソコンなどの情報機器や情報ネットワークの活用があげられます。情報機器におけるソフトウェアの統一は重要です。情報ネットワークの活用も効果的です。遠隔地でのメール交換、サーバーやグループウェアによる情報共有など、情報ツール活用を前提とした予算を確保することが必要です。健全なプロジェクトは、プロジェクトリーダーを中心とした健全な統合のしくみ、コミュニケーションチャネルの確立にあります。

◆オーナーの明確化

プロジェクトには多くのステークホルダー（利害関係者）が関係します。しかし、すべてのステークホルダーの要求を満足することは困難です。本来ならばプロジェクトリーダーがステークホルダーの利害関係を調整して要求をまとめればいいのですが、リーダーではなかなか困難です。当事者でプロジェクト推進の実務に忙しいという面もありますが、社内の役職が必ずしも上位であるとは限らないからです。プロジェクトの客観的な立場で要求事項を明確化する立場の人が必要です。

そこで**プロジェクトオーナー**を、リーダーの上に位置づけます。執行責任者はリーダーですが、プロジェクトの最終責任者をオーナーとして位置づけるのです。ステークホルダーの要求の調整をリーダーができない場合、オーナーが調整役を引き受けます。またプロジェクトへの要求のとりまとめもオーナーの責任です。

オーナーには、プロジェクトの意思決定に値する立場の人、予算の実行権限を持つ決裁者、利害関係者の意見を統率できる立場と実力を持った人を任命すべきです。そして、組織体制にオーナーを明記します。

オーナーの要件を明確にしたものを、要件定義といいます。要件定義がオーナーの要求に合致していることを、計画段階で明確にすることが

第5章　新商品開発プロジェクトの推進

■プロジェクト成功の条件

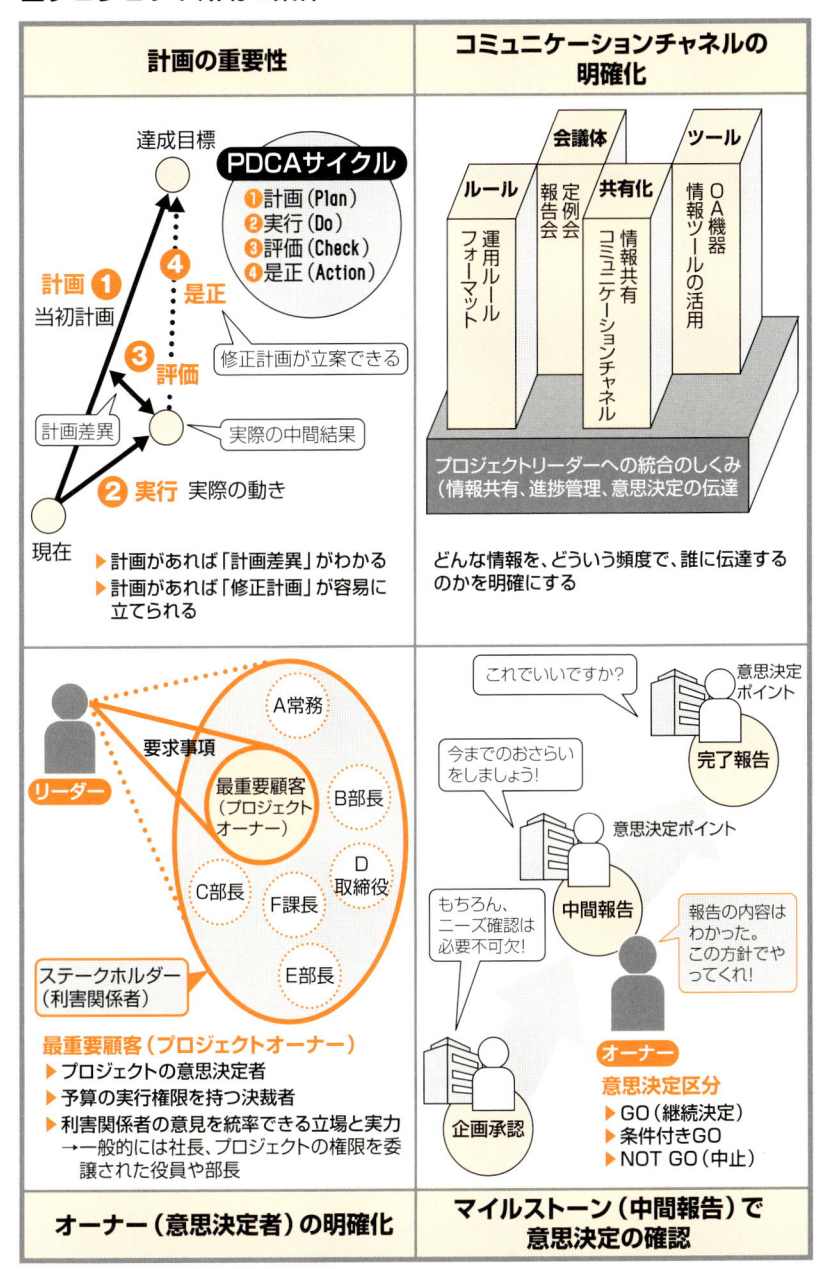

計画の重要性

PDCAサイクル
1. 計画（Plan）
2. 実行（Do）
3. 評価（Check）
4. 是正（Action）

- 計画❶ 当初計画
- ❷ 実行　実際の動き
- ❸ 評価
- ❹ 是正
- 計画差異
- 実際の中間結果
- 修正計画が立案できる
- 達成目標
- 現在

▶ 計画があれば「計画差異」がわかる
▶ 計画があれば「修正計画」が容易に立てられる

コミュニケーションチャネルの明確化

- ルール：運用ルールフォーマット
- 会議体：定例報告会
- 共有化：情報共有コミュニケーションチャネル
- ツール：OA機器　情報ツールの活用

プロジェクトリーダーへの統合のしくみ
（情報共有、進捗管理、意思決定の伝達）

どんな情報を、どういう頻度で、誰に伝達するのかを明確にする

オーナー（意思決定者）の明確化

- リーダー
- 要求事項
- 最重要顧客（プロジェクトオーナー）
- ステークホルダー（利害関係者）
- A常務／B部長／C部長／D取締役／F課長／E部長

最重要顧客（プロジェクトオーナー）
▶ プロジェクトの意思決定者
▶ 予算の実行権限を持つ決裁者
▶ 利害関係者の意見を統率できる立場と実力
→一般的には社長、プロジェクトの権限を委譲された役員や部長

マイルストーン（中間報告）で意思決定の確認

- これでいいですか？　→　完了報告（意思決定ポイント）
- 今までのおさらいをしましょう！　→　中間報告（意思決定ポイント）
- もちろん、ニーズ確認は必要不可欠！
- 報告の内容はわかった。この方針でやってくれ！
- 企画承認

オーナー
意思決定区分
▶ GO（継続決定）
▶ 条件付きGO
▶ NOT GO（中止）

- 233 -

不可欠になります。プロジェクトオーナーの要求に合致した要件定義を行うことが、プロジェクトの計画段階できわめて重要になります。

◆中間報告により方針段階でオーナーの意思決定を得る

　プロジェクトオーナーが求めている要求事項を満たすことは、プロジェクト成功の必要条件です。そこで、プロジェクトの途中で中間報告を開催して要求事項の確認を行います。これを**マイルストーン**（中間報告）といいます。マイルストーンを置くことで、プロジェクトが確実にオーナーの要求事項を満たしているかどうかの確認ができます。もし要求事項に合致しなければ、中間報告の段階で軌道修正します。

　中間報告を実施することで、オーナーの意思決定のすれ違いによるやり直しや後戻りを最小化することができます。中間報告では、要求事項の統括役でもあるオーナーのほか、主要なステークホルダーである関連部門長などの参加のもと、実施します。

　中間報告では、3種類の意思決定区分があります。問題なしでこのまま継続してほしいという「GO（承認）」、方針や進め方を一部見直して後半戦に取り組んでほしいという「条件付きGO」、そして即刻中止の「NOT GO（中止）」があります。

　またリーダーは、中間報告などの正式なマイルストーン以外にも、非公式なマイルストーンを意識的に持つことが大切です。たとえば月1回程度、プロジェクトの進捗状況をオーナーに非公式に伝えて打診します。また主要なステークホルダーに対して、プロジェクト活動の概要を定期的に書類ベースで報告します。このような非公式なマイルストーンを設けることで、中間報告、完了報告を無難に乗り越えることが容易になります。

| フェーズ 5-2 | プロジェクト終結と製品の販売開始 |

いよいよプロジェクトも終了、成果を見届けてチーム解散へ

──ここで時の流れは一気に加速。開発プロジェクトが始まってから11か月後、『ロボ太郎』の量産第1号機が完成する。発売まであと1か月と迫った──

伊藤「待ちに待った量産第1号機が完成したよ。開発スタッフによるテストは済んでいるが、ちょっとそこら辺の床を走らせてみようか」

山口「さっき電源を入れましたら、もう勝手にちょろちょろ動いて室内の掃除をしてくれてますよ」

伊藤「とりあえず2～3日放置してみよう。どのくらい連続運転できるか、耐久試験をしなければいけないし」

山口「室長、発売まであと1か月ですね。感無量です」

伊藤「私も同じだよ。だけど、まだ安心するには早い。気を引き締めていこう」

山口「わかりました」

──耐久試験も上々の結果で、本格的な大量生産が開始される──

伊藤「十分テストをやったが、性能的には完璧だね。でも、ここで満足してはいけない。コストダウンのための努力は今後とも続けなければいけないからね」

（財前先生が久方ぶりに入ってくる）

山口「あっ、財前先生！」

伊藤「先生、お久しぶりです」

財前「皆さん、顔の色ツヤがいいですね、テカッてますよ」

伊藤「実はそんないいものじゃありません。昨日から徹夜で、脂ぎっているだけなんですよ」

財前「プロジェクトは体力と精神力頼みの側面もありますね」

山口「はい。体育会系の私向きです」

財前「山口くんも、何はともあれ、ここまでよくやりましたね。あとは

　　　　『ロボ太郎』が売れるかどうか。神頼みといいたいところですが、ビジネスは科学ですからね。神頼みでなく、知恵頼みですね」
伊藤「先生に『よくやった』と言われて、山口くんも疲れが吹き飛んだだろう。営業チームはすでにマーケティング体制を構築済みですよ、財前先生」
財前「そうらしいですね。これからが楽しみです」

——半年後、目標数字を大きく上回った——
伊藤「財前先生、当初計画の２倍の売上を達成しています。大増産をしたいのですが、どうでしょう？」
財前「大増産はちょっと待ちましょう。新規に生産設備を投入するのではなく、現行設備で最大能力を出す方法にしてください。平日の２時間を残業対応して増産しましょう。それでも足りない場合は２交代制か、土曜日出勤対応で乗り切りましょう」
伊藤「了解いたしました」
財前「多くの会社で、ちょっと売れ行きがいいと一気に強気になって大増産するということがくり返されました。ブームが終わるや在庫の山で、結局は大赤字という顛末を多く見てきました。次の新機種の開発に着手しましょう。新機種ができるころにはこの人気が本物なのか、一過性のブームなのかが見極められるでしょう」
伊藤「わかりました」

——そして１年後。２年で達成するはずの目標が達成できてホッとひと息といった空気の流れるプロジェクト事務局に、久しぶりに財前先生が顔を出した——
財前「その後、どうですか？」
山口「あ、財前先生。お久しぶりです」

川田「先生、ごぶさたしておりましたが、お元気でしたか」

財前「君たちほどじゃないけど、元気ですよ。で、『ロボ太郎』のその後はどうですか？」

山口「販売も生産も絶好調です。生産も軌道に乗ってきたので、3か月後にベトナム工場に生産を移管することになりました」

財前「そうですか。親元を離れて独立した事業として巣立つわけですね。さみしくなりますね」

川田「はい。プロジェクトは解散で、私たちも新しい配属先が決まりました」

財前「ほう。今度はどこですか？」

川田「私は営業企画部で、山口先輩は商品開発部に異動です」

財前「離れ離れで、君たちも寂しくなるね」

山口「いえ、先生……なんと申しますか、僕たちは結婚することになりましたので、離れ離れということにはなりません。営業企画と商品開発はフロアも同じですし……」

財前「まさか、芸能界でよくある"できちゃった婚"じゃないでしょうね」

山口「先生、私はそれほど素早い男ではありません」

川田「ほんとうにそうなんです」

財前「まあ、何はともあれお幸せに。私も結婚式には呼んでください」

山口、川田「はい、もちろんです」

伊藤「財前先生、いろんなことがありましたね、この2年ほどで。おかげさまで新規事業は戦略に基づいて順調なスタートを切ることができました。ほんとうにありがとうございました。山口くんと川田さんは、人事異動先で新しいプロジェクトが始まります。いい思い出ができてよかった」

財前「人生はまだまだこれからですよ。『ロボ太郎』だけで安心はでき

ません。伊藤室長や山口夫妻とのお付き合いもしばらく続くでしょう」
山口「先生、山口夫妻にはまだなっていませんが、今後ともよろしくご指導ご鞭撻をお願いいたします」
川田「よろしくお願いします、財前先生」
伊藤「私は戦略と財前先生の信者ですから、今後ともよろしくお願いいたします」

レクチャー 5-2 プロジェクトの終結

1 プロジェクト解散後の対応

◆プロジェクト解散後の3つのパターン

　プロジェクトが終結すると、プロジェクトは解散します。プロジェクト解散後は、メンバーたちは元の職場に戻ります。

　プロジェクトでできあがった成果物は、次のパターンのうちのどれかに該当します。1つ目が既存組織に成果物を移管、2つ目が新組織や新会社を作って業務移管、そして3つ目が完全な終了です。

　既存組織に成果物を移管する場合は、新商品開発、新情報システム開発などがあります。新組織や新会社を作って業務移管する場合は、新規事業開発、新工場建設などがあります。その場合、プロジェクトメンバーの一部が人事異動になるケースもあります。そして3つ目が完全な終了です。プロジェクトは中止されたとか、プロジェクト終結と同時にすべての問題が解決された場合、完全な終了になります。

◆ロボ太郎の生産と販売を既存組織に移管

　1年間のプロジェクトが終了後、ロボ太郎の生産と販売は、既存の生産部門や販売部門に移管されます（今回のプロジェクトを新規事業としてとらえて新しい営業組織などを作る場合もあります）。

　プロジェクトが終結するときは、肩の荷が下りてほっとする反面、寂しさを感じることもあります。嫌なプロジェクトならホッとするところでしょうが、今回のような楽しいプロジェクトであれば、寂しさのほうが勝るかもしれません。

ともあれ、プロジェクトは「特定の目的を達成するための、臨時組織による活動」です。終わればプロジェクト自体は解散します。

■プロジェクト解散後の形態

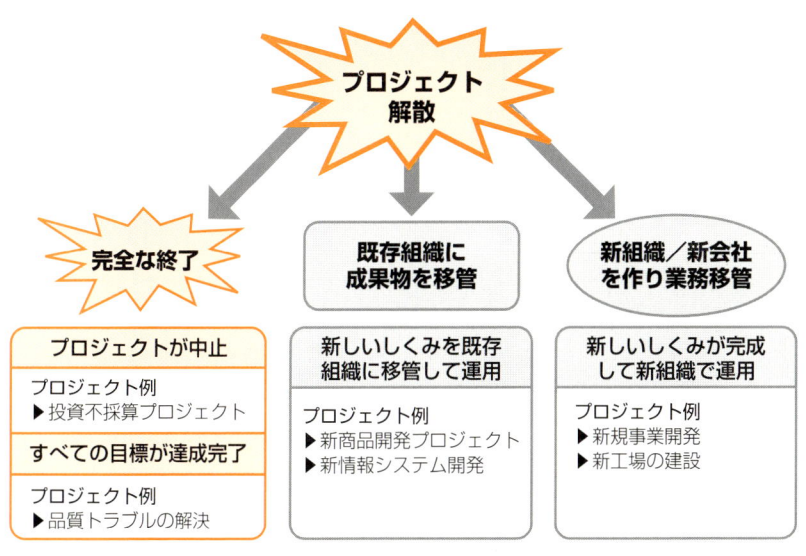

プロジェクト解散

完全な終了

- プロジェクトが中止
  - プロジェクト例
    ▶投資不採算プロジェクト
- すべての目標が達成完了
  - プロジェクト例
    ▶品質トラブルの解決

既存組織に成果物を移管

- 新しいしくみを既存組織に移管して運用
  - プロジェクト例
    ▶新商品開発プロジェクト
    ▶新情報システム開発

新組織／新会社を作り業務移管

- 新しいしくみが完成して新組織で運用
  - プロジェクト例
    ▶新規事業開発
    ▶新工場の建設

2　プロジェクトの終結と評価

◆報告書作成と報告会の実施

プロジェクトの解散前にやるべきことがあります。それは、報告書作成と報告会の実施です。報告書の作成と報告会の実施は、プロジェクト活動の集大成です。

報告書を作成することにより、プロジェクト活動中に作成された莫大な量の資料を、整理整頓することができます。作成された資料には、重要なものと重要でないものがあります。

重要でない資料の代表例は、改訂前の資料です。1つの資料を完成する途中段階において、何度も資料を改訂することがあります。古いバー

ジョン（改訂履歴）の資料は、報告書から外します。最新バージョンの資料のみを1冊にまとめれば、大量の資料をコンパクトにまとめることができます。

報告会の実施も大切です。報告会は、プロジェクトの成果を広く周知させる活動です。またプロジェクト成果をアピールできる、名誉あるイベントでもあります。報告会の開催時間は、約1時間程度です。30分発表、30分質疑応答が目安でしょう。なお、発表や質疑応答の時間が延びてもいいように、時間的な余裕を見て2時間くらい確保しておくのもいいでしょう。

■プロジェクトの評価

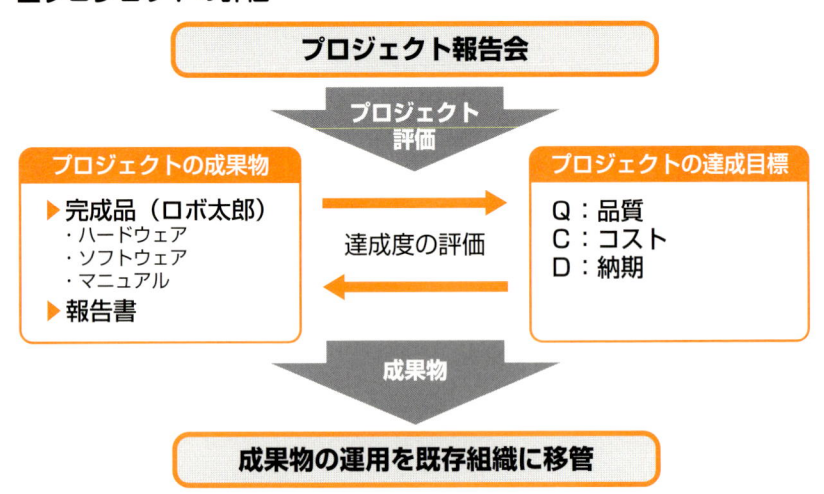

```
            プロジェクト報告会
                  ↓
              プロジェクト評価
  ┌─────────────────┐       ┌─────────────────┐
  │ プロジェクトの成果物 │       │ プロジェクトの達成目標 │
  │ ▶完成品（ロボ太郎） │ ←達成度の評価→ │ Q：品質          │
  │  ・ハードウェア    │              │ C：コスト        │
  │  ・ソフトウェア    │              │ D：納期          │
  │  ・マニュアル     │              │                 │
  │ ▶報告書         │              │                 │
  └─────────────────┘       └─────────────────┘
                  ↓ 成果物
        成果物の運用を既存組織に移管
```

◆プロジェクトの評価と人事考課への反映

プロジェクトオーナーが延期の要請をしない限り、プロジェクトの報告会でプロジェクトは終了します。プロジェクトの終了にあたり、オーナーはプロジェクトを評価します。

プロジェクトの評価は、計画段階で明確化した「達成目標」と比較し

て、成功か失敗かを判断します。

　プロジェクトの成果物は、既存組織または新しい組織を作って運用を移管します。ロボ太郎の場合、既存組織に運用移管される予定です。ただし、1～2年後にロボ太郎が予想以上に販売台数が伸びる場合、新規事業として、新しい事業部を設立する予定です。

3 新製品のマーケティング戦略の実践

◆ロボ太郎のマーケティングの実行

　ロボ太郎の販売は、営業部門に移管されました。営業部門では、ロボ太郎のための特別販売チームが結成されました。財前先生の指導のもと、1年前に山口くんや川田さんたちが立てたマーケティング戦略をたたき台に、ロボ太郎のマーケティング戦略が展開されました。

　販売データは、日々刻々とPOS（販売時点情報管理システム）による販売実績の把握ができるようになりました。どの店舗で何歳くらいの男女が購入したかがわかります。また、自社専用のインターネット直販での売上も伸びてきました。

　販売データによると、20～30代の女性の売れ行きが図抜けています。そこで急遽、ショッキングピンク（鮮やかなピンク色）の新機種を発売しました。商品名は『ロボ子ちゃん』です。対話型機能の声も、かわいい女性の声にしました。

◆販売、その後

　『ロボ子ちゃん』はニュース、インターネット、ブログ、クチコミで大人気となりました。お金持ちの人は、ロボ太郎とロボ子ちゃんをペアで購入するようになりました。そこで、対話型機能をバージョンアップし、ロボ太郎とロボ子ちゃん同士で対話できる機能を追加しました。す

でに購入のお客様には、インターネットでバージョンアップのソフトウェアをインストールできるようにしました。

　ハイエンド機として投入した60万円以上の新機種の評判も上々で、販売予定数量を上回っています。カラーバリエーションを増やしたのですが、売れ筋の色が4色に絞られてきました。レッド、グリーン、ブルー、そしてショッキングピンクの4色です。

　量販店などの店頭での販売は、ショッキングピンクを除く売れ筋の3種類限定としました。そして粗利が高いインターネットの売上を高めるため、ショッキングピンクはインターネットのみで購入できるようにしました。インターネットでは、全12種類の色から自由に選べるようにしました。

　インターネット限定販売のショッキングピンクは人気を呼び、イトー電器のインターネット直販サイトは大賑わいです。また店頭にも、ロボ太郎を求めるお客様たちが並んで、初年度にして販売計画の2倍の売上を達成することができました。

豆知識　プロジェクト報告書は次のプロジェクトのノウハウになる

報告書はプロジェクトのノウハウの集大成です。報告書をきちんと残すことで、プロジェクトのノウハウが積み上がります。

　　　　　　　＊　　　　　＊　　　　　＊

　戦略は、このようにハッピーエンドで終わるとは限りませんが、結果を恐れていたのでは前へ進めません。ここで書いてきたことをご参照のうえ、それぞれの会社（またはプライベートの生活）に「戦略」を活かしていただけたなら、これに勝る喜びはありません。皆さんのご健闘をお祈り申し上げます。

column 5　昔と今のプロジェクトの違い

　昔と今のプロジェクトの違いは何でしょうか。昔のプロジェクトは、今に比べれば十分時間的な余裕があったと思います。また、チャレンジングな目標であれば、失敗しても「メゲずに次回がんばれよ」というように、周囲は温かい目で見ていてくれたように思います。

　今のプロジェクトはどうでしょうか。4か月とか6か月とか、はじめに納期が先に決まります。お客さんに「そんな短期間は無理です」と言うと、「じゃあいいよ。もっと早くやってくれる会社に頼むから」と逃げられてしまいます。また社内でも「できないところをできるようにするのが君らの仕事だ」なんて言われ、何かにつけシビアになってきましたね。

　今のプロジェクトは、短納期で高品質のアウトプットが求められます。しっかりしたプロジェクトマネジメントをしておかないと、達成目標が満たせなくなります。

　ある家電メーカーでは、10年以上前にプロジェクトを経験した人たちが、役員や本部長になっています。部下たちが、「プロジェクトの納期が短すぎます」と訴えても、聞く耳を持たないそうです。役員たちは、「おれたちは、プロジェクトを気合いで乗り越えてきた」と言うのです。

　しかし、10年以上前のプロジェクトは、達成目標が今より低く、かつ時間も多く与えられていました。その後の顧客要求の高まり、技術の複雑性、周辺機器との複雑な接続など、難度は何倍にもなっています。過去の成功体験は抜けきれないもの。役員に説明しても、今のプロジェクトの難しさは理解してもらえないでしょう。上司と部下の溝を埋めるのは難しそうですね。

西村克己（にしむら　かつみ）

岡山市生まれ。1982年東京工業大学「経営工学科」大学院修士課程修了。富士写真フイルム株式会社（現、富士フイルム）を経て、90年に日本総合研究所に移り、主任研究員として民間企業の経営コンサルティング、講演会、社員研修を多数手がける。2003年より芝浦工業大学大学院「工学マネジメント研究科」教授。専門分野は、MOT（技術経営）、プロジェクトマネジメント、経営戦略、戦略的思考、図解思考。

主な著書に、『よくわかる経営戦略』『よくわかるプロジェクトマネジメント』（いずれも日本実業出版社）、『戦略構想力が身につく入門テキスト』（中経出版）、『戦略思考トレーニング』（PHP研究所）、『創る！図解力』（実業之日本社）、『脳を鍛えるやさしいパズル』（成美文庫）、『図解 戦略経営に活かす兵法入門』（東洋経済新報社）など、多数。

著者メールアドレス
knishi@sic.shibaura-it.ac.jp

世界一やさしい！
経営戦略のトリセツ［取扱説明書］

2007年3月1日　初版発行
2007年4月1日　第2刷発行

著　者　西村克己　©K.Nishimura 2007
発行者　上林健一
発行所　株式会社 日本実業出版社　東京都文京区本郷3-2-12　〒113-0033
　　　　　　　　　　　　　　　　　大阪市北区西天満6-8-1　〒530-0047
　　　　編集部　☎03-3814-5651
　　　　営業部　☎03-3814-5161　振替　00170-1-25349
　　　　http://www.njg.co.jp/

印刷／三晃印刷　　製本／若林製本

この本の内容についてのお問合せは、書面かFAX（03-3818-2723）にてお願い致します。
落丁・乱丁本は、送料小社負担にて、お取り替え致します。

ISBN 978-4-534-04198-2　Printed in JAPAN

下記の価格は消費税（5％）を含む金額です。

日本実業出版社の本
「戦略」の基本を学ぶ本

好評既刊！

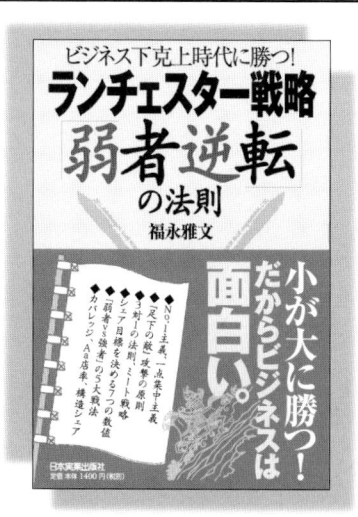

福永雅文＝著
定価 1470円（税込）

守屋　淳＝著
定価 1575円（税込）

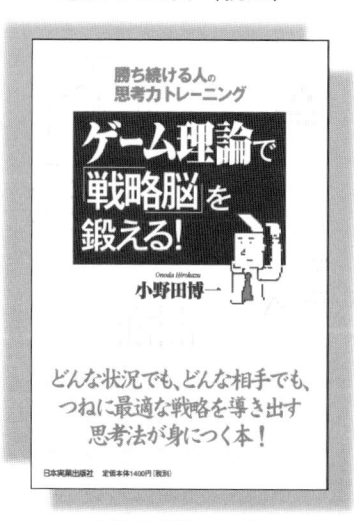

小野田博一＝著
定価 1365円（税込）

服部吉伸＝著
定価 1680円（税込）

定価変更の場合はご了承ください。